LATEX
はじめの一歩
Windows 11/10 対応

土屋 勝●著

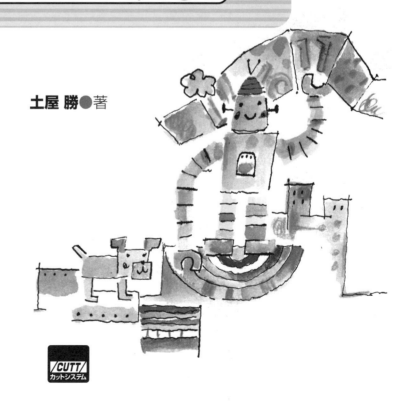

CUTT
カットシステム

はじめに

　本書では，大学生や大学院生が日本語でのレポートや論文を執筆する上で，基本的に必要だと思われる項目に絞って，コンパクトにまとめてみました。あれも書きたい，これも必要だという情報や技術もあるのですがそこは抑えて。日本語 LaTeX 処理系の定番である pLaTeX と最新の LuaLaTeX を取り上げ，分かりやすい入門書を目指しました。

　1 章から順番に読んでいかれてもいいですし，インストールや基礎が分かっている方は，必要な項目を直接読まれてもいいでしょう。

　LaTeX はたいへん多機能なソフトであり，詳しく解説しようとするとどうしてもページ数が増えてしまいます。書店に並んでいる LaTeX の解説書には 500 ページを越える大作も珍しくありません。リファレンスとしては，1 冊で全機能が紹介されている方がうれしいのですが，あまりに分厚い本は手に取るところから勇気が要ります。

　最近，本書の出版元であるカットシステムの石塚社長が主催されている NPO 法人未来デザイン会議の無料オンラインセミナーで，私も『LaTeX はじめの一歩』という講座を受け持っています。90 分間でレポート・論文執筆に最低限必要な知識を習得していただく。若い受講生からのフィードバックを受けて，本書にも反映させました。

　プレゼンテーション用スライド作成のためのクラスファイル「Beamer」，描画パッケージである「TiKZ」を今回取り上げたのもその一つです。

　この 4 年間，学会論文誌の編集に関わり，pLaTeX をずっと使ってきました。現役の LaTeX ユーザーと思っていましたが，井の中の蛙，浦島太郎でした。今回本書を執筆するにあたってあらためて最新の LaTeX に関して調べてみると，大きく様変わりしていることに気がつきました。考えてみれば当たり前なのですが，LaTeX も毎年進化していたのです。

　pLaTeX はすでにレガシー LaTeX となり，LuaLaTeX など次世代のモダン LaTeX がどんどん広まってきているのです。前版では「ようやく Version 1.0 がリリースされたところなので，まだ不安定なところや pLaTeX との非互換なところがあります」と様子見だった LuaLaTeX がいつの間にか主流に取って代わりそうです。

　過去からの蓄積がある学会論文誌などは，自前のクラスファイルを作成・配布しており，そう簡単に pLaTeX からモダン LaTeX へ切り替えることができないでしょうが，基本的な LaTeX の書き方はレガシー LaTeX でもモダン LaTeX でも大きく変わるものでは

ありません。

　本書は基本的に pLATEX と LuaLATEX での動作を確認しています。クラスファイルとしては jsbook，jlreq で確認し，最終的に旧版との紙面デザインを統一するために ltjsbook を使いました。本文のフォントはアドビシステムズと Google が開発し，TEXLive に標準で搭載されているオープンソースフォント原の味フォントを埋め込んで印刷会社に入稿しました。

　最後に，本書を上梓するにあたり多くの方々にご協力をいただきましたことを，この場をお借りしてお礼申し上げます。TEX を開発された Knuth 教授，LATEX を開発された Lamport 氏，多くの LATEX 用環境・ソフトを開発された方々。そしてなにより遅れに遅れた執筆におつきあいいただいたカットシステムの皆様には本当に感謝いたします。

　本書によって，多くの方が LATEX を使っていただければ幸いです。

2022 年 9 月

目次

第 1 章

LATEXとは

■ 1.1　TEX の誕生

　高性能組版言語である LATEX は，もともと Stanford 大学の Donald E. Knuth 教授が
開発し，無料で公開した TEX にはじまります。TEX は「テフ」もしくは「テック」と呼
びます。

　Knuth 教授は数学とコンピューターサイエンスが専門で，70 年代の中ごろに『The
Art of Computer Programming』という本を出版しようとしました。当時は活版印刷か
らコンピューター組版に移り変わる時期でした。熟練した組版職人を確保することができ
ず，かといってコンピューター組版の質は低く，教授はその仕上がりに満足できませんで
した。

　そこで Knuth 教授は本の刊行をいったんストップし，美しい組版ができるレイアウト
ソフトウェアの開発に取り掛かりました。こうしてできあがったのが TEX です。教授は
単に組版ソフトウェアを作るだけでなく，フォントを自分で作るための METAFONT も
開発し，Computer Modern というフォント集をリリースするなど，印刷に必要な環境を
自分で用意しました。

　Knuth 教授が開発し，『The TEXbook』や『The Art of Computer Programming』の
出版に使ったのはオリジナルの TEX，裸の TEX に基本的なマクロ集である plain TEX
マクロパッケージを組み合わせたものでした。plain TEX は高度な基本機能を備えている
ものの，あまり直感的とはいえず，一般の人が使うには敷居が高いものでした。

　そこで TEX をもっと使いやすいものにするため，コンピューター技術者の Leslie
Lamport 氏が LATEX（「ラテフ」または「ラテック」と呼びます）というマクロパッケー
ジを開発し，公開しました。LATEX には通常のレポートや本，手紙などを作るのに必要な
命令が用意されており，簡単にレイアウトすることができます。現在では TEX といえば
LATEX を指すことが多くなっています。

　元の TEX は 1990 年，Knuth 教授によって最終版である TEX 第 3.1 版がリリースされ
て機能がフィックスしました。

■ 1.2　TEX の発展

　その後，レジスタ（変数）の数を 256 個から 32,768 個に増やし，アラビア語など右か
ら左に組む機能などを追加した ε–TEX 拡張がリリースされました。今ではほとんどのシ
ステムが ε–TEX 拡張を取り込んでいます。

　一方，LATEX は 1993 年，大幅な改良を加えられた LATEX2e へと発展しました。

　2007 年には pLATEX の内部文字コードを UTF-8 対応に修正した upLATEX が公開され
ました。upLATEX は pLATEX と高い互換性を持ちながら，ソースコードを UTF-8 で記述
でき，森鷗外，髙島屋，草薙剛といった Unicode までの文字がそのまま使えるようになり

ました。

　LATEX の大きな問題点としてレイアウトを調整しようとすると，さまざまなパッケージを読み込んだり，自分で難解な TEX プログラミングに取り組まないといけないということがあります。複数のパッケージを読み込むと，パッケージどうしが衝突して予期せぬ動きをしたり，エラーになってタイプセットが止まってしまうこともあります。TEX 言語はチューリング完全，つまりれっきとしたプログラミング言語ですが，複雑な計算や処理を記述するのには適していません。

　そのため文書マークアップ言語とレイアウト設計言語，さらにプログラミング言語の 3 階層に分離し，独立性や開発性を高める次世代 LATEX3 プロジェクトが動いています。ここでは文書クラスとして jlreq，プログラミング言語として expl3 が採用されています．

　今後，LATEX カーネルの大規模改修が進められると LATEX の日本語化，つまり pLATEX 化，upLATEX 化ができなくなる危険性が指摘されています．

　現行バージョンの pLATEX を残しておけば当分は対処できますが，いずれ破綻してしまうでしょう．これから新たに LATEX を始めようとする人にとっては，何の解決策にもなりません．

　対策としてはモダン LATEX である LuaLATEX などへの移行を進めることがあります．本書ではこれまで pLATEX を基本として書いてきましたが，できる限り LuaLATEX についての知見を取り入れて改訂します．

■ 1.3　LATEX の得意なこと，不得意なこと

　LATEX は文字テキスト中に制御命令を埋め込んでレイアウトしていくマークアップ方式の組版言語です。マークアップ言語というと Web ページの記述に使われる HTML（Hyper Text Markup Language）がよく知られています。それと同様に LATEX もソースファイルはテキストと制御命令が入り混じった状態になっており，これを LATEX プログラムで処理し，画面やプリンターに出力してはじめてレイアウト結果が分かります。

　Microsoft Word や一太郎，Illustrator，InDesign といったワードプロセッサやレイアウトソフトのように，画面上で文字やグラフィックをマウスで動かしてレイアウトし，それがそのまま出力になる WYSIWYG[*1]とはかなり毛色が違っています。画面上でレイアウトを確認しながら直感的に操作することができないため，一般の人にはとっつきにくいところがあります。ビジュアル雑誌のように，写真と文字が複雑に組み合わさったものをレイアウトするのは不得意です。

　しかし，LATEX には他の組版ソフトにない優れた機能があります。

　1. 文書の論理構造とレイアウトを切り離して執筆できる

[*1] What You See Is What You Get. 表示されているとおりに出力されます。

2. 数式や表組みが容易にできる

3. 章番号や図版番号との自動対応，脚注，参考文献リスト，索引などを自動的に処理できる

4. 多様な言語に対応しており，伝統的な組版の規則を実現している

5. 各種のフォントが利用できる

6. Linux/UNIX，Windows，macOS などさまざまな環境で利用できる

7. ソースファイル，出力ファイルとも機種を問わず互換性がある

8. インクジェットプリンターから写植機まで，同じレイアウトで出力できる

9. 無料か，安価に入手できる

といったものがあげられます。

　特に 1〜4 などは科学技術系の文書を書くのに特に便利な機能でしょう。文章を書いているとき，現在の見出しが第何章であるか，図版や表の番号が何番であるかといったことをいちいち考える必要はありません。見出しのサイズやフォントをどうしようかということも悩まなくていいのです。

　とにかく文書としての論理的な流れだけをしっかりと組み立て，それに従って書き進めていけばいいのです。LaTeX が自動的に管理してくれます。章の順番，図版の順番を入れ替えても，勝手に番号が振られます。

　また，数学者である Knuth 教授が自らの著書を組版するために開発した言語ですから，LaTeX によって組まれる数式の美しさは群を抜いています。

$$
\begin{aligned}
S = &\int d^4x \sqrt{-\det G_{\mu v}(x)} \Big[\frac{1}{16\pi G_N}(R[G_{\mu v}(x)] - \Lambda)] \\
&-\frac{1}{4}\sum_{i=1}^{3} \mathrm{tr}(F_{\mu v}^{(i)}(x))^2 + \sum_{f} \bar{\psi}^{(f)}(x) i \not{D} \psi^{(f)}(x) \\
&+\sum_{g,h}(y_{gh}\Phi(x)\bar{\psi}^g(x)\psi^{(h)} + h.c.) \\
&+|D_{\mu}\Phi(x)|^2 - V[\Phi(x)] \Big]
\end{aligned}
$$

このような数式が簡単に書けてしまいます。

　LaTeX の数式表記方法は Wikipedia，WordPress，note，moodle，Microsoft Office，Adobe inDesign などの CMS やアプリでも採用されており，事実上の業界標準となっています（プラグインが必要なものもあります）。

　AMS（American Mathematical Society：アメリカ数学会）では TeX を標準の組版システムとして採用し，$\mathcal{AMS}$TeX や $\mathcal{AMS}$-LaTeX といった数式処理を強化したマクロパッケージ，ドイツ文字 $\mathfrak{ABC}$ などを含む数学用フォントを集めた AMSFonts を提供しています。

　AMS に限らず，国内・海外の多くの学会で LaTeX を論文投稿の標準フォーマットとし

ています。学会によっては専用のスタイルファイルというのを用意してあるところもあります。その場合は専用スタイルファイルを Web サイトからダウンロードするなどして入手し，使うようにしましょう。

■ 1.4　LᴬTEX と英文組版

組版という言葉は一般の人には馴染みがないかもしれませんが，文字や図版をきれいに，読みやすく，指定したフォントやスペースで配置して紙面を作る作業のことです。

それぞれの言語において，独自の組版ルールが存在します。英文には英文の，和文には和文の組版ルールがあります。これはもともと活字印刷の世界で作られてきたルールで，今でも美しく，読みやすい文字の並べ方として使われています。LᴬTEX はそのルールに従って組版してくれます。

LᴬTEX が準拠する英文組版ルールは以下のようなものです。

- カーニング（kerning：字詰め）アルファベットは 1 文字ごとに横幅が異なっています。文字の上と下でも幅が違うものもあります。たとえば A という文字は下が広く，上が狭くなっています。逆に W という文字は上が広く，下が狭くなっています。これをそのまま AW と並べると美しくありません。AW というように間を調整してやるのがカーニングです。この他，To と To，Yi と Yi などでカーニングが行われます。LᴬTEX はこのカーニングを自動的に処理してくれます。

- リガチャ（ligature：合字）　いくつかの小文字については，次にくる文字によってひとかたまりにくっつけた字体を使うものがあります。たとえば fi, ff, ffi, fl などは fi, ff, ffi, fl となります。i の上の点がなくなったり，f の横棒がつながっています。これがリガチャで，LᴬTEX はリガチャに対応しています。

- ハイフネーション　欧文で文章を書いていると，単語の途中で改行しなければならないことが出てきます。基本的には文字間，単語間のスペースを調整してハイフネーションを避けるのですが，逆に空白が多くなりすぎたりしてハイフネーションしなければ収まらないこともあります。欧文単語は歴史的にハイフネーションをしていい場所というのが決まっています。ハイフネーションの場所によって意味が違ってしまうことすらあるのです。

  『The TEXBook』には，'therapists who preached on weeknights'「週末の夜に伝道するセラピスト」が'the-rapists who pre-ached onweek-nights' になると「騎士にウーと強姦者」という意味になってしまうというジョークが載っています。また，record という単語は名詞の場合は rec-ord とハイフネーシされますが，動詞の場合は re-cord となります。まったくもってややこしい話です。LᴬTEX は強力なハイフネーション辞書を搭載しており，かなり正確にハイフネーションしてくれます。ま

書を切り替えることもできます。

■ 1.5   TEX と日本語

もともと TEX は英語用に開発されましたが，ソースコードが公開されていたこともあり，かなり早い時期から日本語に対応したものが開発されました。主なものとしては株式会社アスキーの pTEX（日本語 TEX）と NTT の斉藤康己さんによる NTT jTEX があります。pTEX の LATEX 対応が pLATEX です。

現在，日本語 TeX 開発コミュニティ[*2]が pTEX, pLATEX の開発を引き継いでいます。pLATEX 最新版のバージョンは

```
platex --version
e-pTeX 3.141592653-p4.0.0-220214-2.6 (utf8.sjis) (TeX Live 2022)
kpathsea version 6.3.4
ptexenc version 1.4.0
Copyright 2022 D.E. Knuth.
There is NO warranty.  Redistribution of this software is
covered by the terms of both the e-pTeX copyright and
the Lesser GNU General Public License.
For more information about these matters, see the file
named COPYING and the e-pTeX source.
Primary author of e-pTeX: Peter Breitenlohner.
```

となっています。

日本語対応といった場合，単に日本語が表示できるというだけでは役に立ちません。日本語には日本語特有の組版規則があります。

- 行頭禁則　促音：っ　拗音：ぁぃぅぇぉゃゅょ　長音：ー　閉じ括弧類：）　」　』など　中黒：・　疑問符：？　などが行頭に来てはいけない。
- 行末禁則　開き括弧類：（　「　『　などが行末に来てはいけない。

また，段落の最後の行が「だ。」のように 1 文字だけで終わるのは見苦しいし，促音や拗音が続いた時には多少間隔を詰めたほうが見栄えがよくなります。

pLATEX の p は publishing の p です。出版社であるアスキーが自社の出版物に使えるものを目指して開発しただけあり，LATEX の英文組版機能はそのままに，日本語特有の禁則処理を盛り込み，縦書きにも対応しています。

---

*2 https://texjp.org/

縦書きの例を示します。

未だ宵ながら松立てる門は一様に鎖籠めて、真直に長く東より西に横はれる大道は掃きたるやうに物の影を留めず、いと寂くも往来の絶えたるに、例ならず繁き車輪の轍は、或は忙かりし、或は飲過ぎし年賀の帰来なるべく、疎に寄する獅子太鼓の遠響は、はや今日に尽きぬる三箇日を惜むが如く、其の哀切に小き腸は絶れぬべし。

元日快晴、二日快晴、三日快晴と誌されたる日記を涜して、この黄昏より困は戦出でぬ。今は「風吹くな、なあ吹くな」と優き声の宥むる者無きより、憤をも増したるやうに飾竹を吹靡けつつ、乾びたる葉を粗なげに鳴らして、吼えては走行き、狂ひては引返し、揉みに揉んで独り散々に騒げり。微曇りし空はこれが為に眠を覚まされたる気色にて、銀梨子地の如く無数の星を顕して、鋭く冴えたる光は寒気を発つかと想はしむるまでに、その薄明に曝さるる夜の街は殆ど氷らんとすなり。

人この裏に立ちて　寥々冥々たる四望の間に、争か那の世間あり、社会あり、都あり、町あることを想得べき、九重の天、八際の地、始めて混沌の境を出でたりといへども、万物未だ尽く化生せず、風は試に吹き、星は新に輝ける一大荒原の、何等の旨意も、秩序も、趣味も無く、唯濫に邀く横はれるに過ぎざる哉。日の中は宛然沸くが如く楽み、謳ひ、酔ひ、戯れ、歓び、笑ひ、語り、興ぜし人々よ、彼等は儚くも夏果てし子子の形を歛めて、今将何処に如何にして在るかを疑はざらんとするも難からずや。多時静なりし後、遥に拍子木の音は聞えぬ。その響の消ゆる頃忽ち一点の燈火は見え初めしが、揺々と町の尽頭を横截りて失せぬ。再び寒き風は寂き星月夜を擅に吹くのみなりけり。唯有る小路の湯屋は仕舞を急ぎて、廂間の下水口より噴出づる湯気は一団の白き雲を舞立てて、心地悪く微温の四方に溢るるとともに、垢臭き悪気の盛に迸るに遭へる綱引の車あり。勢ひで角より曲り来にければ、避くべき違無くてその中を駈抜けたり。

尾崎紅葉　『金色夜叉』

■ 1.6　TEXLive

　TEX は実際には膨大なプログラム・ファイルの集合体です。単体で配布するのは面倒なので，必要なファイルをまとめたディストリビューションパッケージが作られてきました。本書では TEXLive を採用することにしました。TEXLive は 1996 年から TEXUsers Group メンバーを中心に開発が始まったディストリビューションパッケージです。当初は Linux 向けに提供されてきましたが，現在では Windows および macOS にも対応しています。

　TEXLive は毎年新しいパッケージがリリースされています。原稿執筆時点で最新版は 2022 年 4 月 3 日にリリースされた TEXLive 2022 です。日本語対応の pTEX, pLATEX, upLATEX, LuaLATEX, IPA フォント，IPAex フォント，原ノ味フォント，OTF パッケージ，多言語対応の babel japanese パッケージ，統合環境 TEXWorks などが含まれており，TEXLive だけで pLATEX, upLATEX, luaLATEX が使えるようになっています。

■ 1.7　LATEX の仕組み

　LATEX は制御命令が組み込まれた LATEX ソースファイルをタイプセットし，dvi ファイルまたは PDF ファイルに出力します。

　ユーザーは，まずエディタなどで LATEX ソースファイルを作ります。LATEX ソースファイルは本文に制御命令が埋め込まれた状態であり，テキストファイルです。dvi とは DeVice Independent の略で出力機器に依存しないという意味です。dvi ファイルは Windows で作ったものでも macOS で作ったものでも Linux で作ったものでも，必要なフォントさえあればどれも基本的に同じレイアウトで表示，印刷することができます。

　またソースファイルを処理したとき，dvi ファイルと同時に処理過程を記録した log ファイル，索引を作るための idx ファイル，参照を行うための aux ファイルなども出力されます（どのファイルが出力されるかは設定によって異なります）。

■ 1.8　LATEX のプログラム

　LATEX はいくつかのプログラムやクラスファイル，フォントファイルなどから構成されています。基本的に必要なのは以下のようなものです。

- LATEX 本体。pLATEX, upLATEX, LuaLATEX などがあります。それぞれ Linux 用，Windows 用，macOS 用などがあります。また欧文用，日本語用などもあります。
- クラスファイル。版面サイズ，使用するフォント，ノンブルや柱の位置・表示，行間，上下左右の余白など紙面の体裁に関するすべての情報を定義しているファイルです。

- DVI ドライバ。pLaTeX, upLaTeX が出力した dvi ファイルを PDF ファイルに変換するソフトウェアです。dvipdfmx などがあります。
- フォントファイル。文字の形そのものの情報を持っているファイルです。
- フォントメトリックファイル。文字と文字の間隔など，文字をどう並べるかという情報を持ったファイルです。
- その他のプログラム。索引を作るための mendex，参考文献リストを作るための pBibTeX，フォントを作るための METAFONT などの周辺プログラムがあります。
- エディタ。LaTeX を構成するプログラムではありませんが，きわめて重要なプログラムです。ワープロなどと違って LaTeX は制御命令が埋め込まれたソースファイルを処理するだけで，実際に文字を入力する機能はありません。そこで，文字入力や制御命令の入力はエディタを使います。環境に応じてさまざまなエディタがあります。TeXLive をインストールすると自動的にセットされる TeXWorks はエディタと PDF ビュワーを兼ねた統合開発環境です。

第2章

LATEX をインストールする

■ 2.1　TEXLive をインストールする

TEX といってもいくつかのバージョン，パッケージがあります。Kunuth が作った元の plainTEX，Lamport が使いやすいように拡張した LATEX，TEX で日本語を使えるようにした pTEX，LATEX を日本語対応にした pLATEX，内部を Unicode 対応にした upTEX・upLATEX，モダン LATEX と呼ばれる LuaTEX・LuaLATEX などです。

pLATEX，upLATEX，LuaLATEX にしても単体で使うことはなく，`jsartile` などのスタイルファイル，画像を扱うための `graphicx`，高度な数式を扱うための `amsmatch`，カラー出力に対応するための `color` などさまざまなパッケージファイルを併用します。

さらに LATEX が出力した dvi ファイルを PDF に変換するための dvi ドライバ，索引を作成するための pBibTEX や mendex なども必要です。

これらを TEX の総合アーカイブサイトである CTAN などから一つ一つダウンロードしてもいいのですが，最初に LATEX が動く環境を作ろうとするとかなり面倒な作業になります。そこでお勧めなのが関連ソフトウェアをまとめた TEX ディストリビューションの利用です。主な TEX ディストリビューションには TEXLive があります。

TEXLive は Windows 用に限らず，さまざなま OS で使える TEX 関連ソフトウェアをまとめたものです。現在は年に 1 回バージョンアップがあり，2022 年 4 月現在配布されているのは TEXLive 2022 です。

過去には角藤亮さんが pTEX，pLATEX を Windows 32bit 環境に移植した W32TEX というディストリビューションもありましたが，すでに配布は終わっています。

本書では TEXLive 2022 をインストールする方法を解説します。本書の以前の版では TEXLive を収録した DVD を添付していましたが，読者の皆様のネットワーク環境が整備されたであろうこと，毎年新しいバージョンが公開されることから，DVD 添付は取りやめます。

2023 年の前半には TEXLive 2023 がリリースされると思います。TEX の総合情報ポータルサイトである TEXWiki [*1] などをチェックし，リリース状況を確認してください。

■ 2.2　TEXLive のインストーラ

TEXLive をインストールするには DVD の ISO イメージをダウンロードする方法，ネットワークインストーラ `install-tl-windows.exe` を使う方法などがあります。

研究室全体のパソコンに TEXLive をインストールするような場合は ISO イメージをダウンロードし，LAN 経由または DVD に焼くのが通信容量の面からお勧めです。

個人で 1 台のパソコンにインストールするだけであればネットワークインストーラを使うのが簡単でしょう。

[*1] https://texwiki.texjp.org/

TUG の「Installing TeX Live over the Internet」
https://www.tug.org/texlive/acquire-netinstall.html

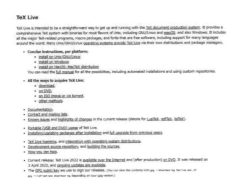

から install-tl-windows.exe をダウンロードします。

そしてダウンロードしたフォルダーを開き，install-tl-windows.exe をダブルクリックします。

マルウェア感染防止プログラムが install-tl-windows.exe を危険なプログラムだと判断し，実行を中断する可能性があります。これは Microsoft Defender の表示ですが，他のマルウェア感染防止プログラムだと異なる表示になります。Microsoft Defender では［詳細情報］をクリックすると［実行］ボタンが表示されるので，クリックして先に進んでください。

TeX live installer が起動します。

［install］をクリックします。

インストール先，必要なディスク容量，デフォルト用紙サイズなどが表示されます。デフォルトでは C:\texlive\2022 以下に LaTeX 関係のプログラムをインストールします。インストール先を他のドライブ，フォルダーに変更する場合は［変更］ボタンをクリックして指定してください。Program Files のようにフォルダー名に空白が入る場所，C:\Users\土屋 勝のように日本語フォルダー名，全角空白が入る場所はトラブル防止のために避けるのがお勧めです。よければ［インストール］をクリックします。

インストールがはじまります。ネットワークやパソコンの速度にもよりますが，すべての処理が終わるまで 2 時間，3 時間かかることもあります。

［閉じる］をクリックしてインストーラを終了します。
最初に起動したインストーラも終了します。

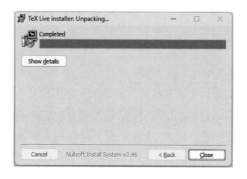

スタートメニューに Tex Live 2022 が登録されています。

「すべてのアプリ」には他の関連プログラムも登録されています。

2.3 PDF ビュワーをインストールする

TEXLive に同梱されている TEXWorks では pLaTEX でも upLaTEX でも LuaLaTEX でもタイプセットすると PDF ファイルが作成され，自動的に TEXWorks が PDF で表示してくれます。エディターエリアでソースコードを修正し，タイプセットすれば PDF ビュワー画面も再表示されます。

TEX Works を使わない場合，単体の PDF ビュワーが必要になります。

　　Windows で PDF ファイルを表示するのには Adobe Acrobat Reader CC（以下 Acrobat と省略）がよく使われているでしょう。Acrobat は PDF の開発元であるアドビシステムズが提供する無償ソフトなので，標準的な存在です。

　　ところが Adobe Acrobat Reader は PDF ファイルを開いている状態ではその PDF ファイルに上書き保存ができないという大きな欠点があります。

　　つまり

　　tex ファイル作成→ platex → dvipdfmx → Acrobat

とすると，次にファイルを修正したとき，

　　tex ファイル修正→ platex → dvipdfmx →で

　　dvipdfmx:fatal: Unable to open "xxx.pdf".Output file removed.

と警告が出て処理が止まってしまいます。tex ファイルを作成している時には頻繁に PDF でレイアウトを確認しては手直しすることになりますが，そのたびに PDF ファイルを閉じないといけないので，非常に面倒です。

　　PDF ファイルを表示中でも上書き保存ができる便利な PDF ビュワーとして Sumatra PDF がお勧めです。

　　Sumatra PDF のオフィシャルダウンロードサイト

https://www.sumatrapdfreader.org/download-free-pdf-viewer.html

にアクセスし，SumatraPDF-3.4.6-64-in\stall.exe（64 ビット版）または SumatraPDF-3.4.6-install.exe（32 ビット版）をダウンロードします。

　　ダウンロードした SumtaraPDF-3.4.6-64-install.exe をダブルクリックするとインストーラが起動します。

［SumatraPDF をインストール］をクリックしてインストールを始めます。

インストールが完了したら［SumatraPDF を実行］をクリックします。

SumatraPDF が起動します。

SumatraPDF をデフォルトの PDF ビュワーに設定する

Windows の標準状態では PDF ファイルをダブルクリックしたとき，Acrobat が起動すると思われます。デフォルトの PDF ビュワーを SumatraPDF にしておきましょう。

何か適当な PDF ファイルを 1 個選び，マウスの右ボタンをクリックします。「プロパティ」をクリックします。

「プログラム」が Adobe Acrobat Reader DC になっています。「変更」をクリック

し，一覧の中から SumatraPDF を選び，［OK］をクリックします。

　これですべての PDF ファイルにおいてデフォルトの PDF ビュワーが SumatraPDF になりました。

▌2.4　環境変数を設定する

　LᴬTEX を動かすのに，Windows の環境変数という値をいくつか設定しておく必要があります。

　設定する環境変数と，標準的な設定値は次の 3 つだけです。

```
PATH    c:\texlive\2022\bin\win32
TEMP    c:\tmp
TMP     c:\tmp
```

　インストール先がデフォルトと違う場合は，それぞれのインストール先にあわせてください。TEMP や TMP に c:\Documents and Settings のように空白や全角文字が含まれていると誤動作するおそれがあります。c:\tmp のように空白を含まない名前でフォルダーを作成し，そこをテンポラリフォルダーとして指定してください。

　古い TEX では TEXMF, TEXMFMAIN, GS_LIB などいくつも設定しなければならない環境変数がありましたが，現在はこれだけです。古いバージョンで設定した環境変数が残っていると誤動作するおそれもあるので，削除してください。これらの環境変数を設定するには Windows のバージョンによって次の方法があります。

Windows 10/11 での環境変数設定

　1.［Windows］キーと［X］キーを同時に押し，「システム」を選ぶ

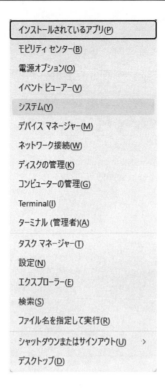

2.「システム > バージョン情報」画面が開く

3. 中央右側［システムの詳細設定］をクリックする

4.「システムのプロパティ」画面が開くので［環境変数］をクリックする

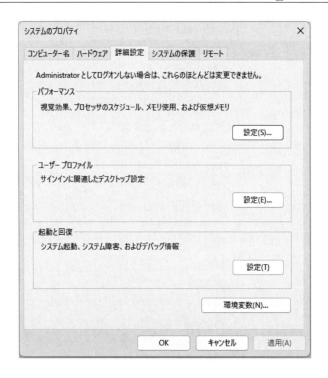

5. 環境変数で［Path］を選び，［編集］をクリックする。［Path］が無ければ［新規］
   をクリックする

6. 編集を選んだ場合は［新規］をクリックし，新しい行に TEXLive 2022 の\bin フォ
   ルダーのパスを追加する

7. ［OK］をクリックする

8. TEMP, TMP が無ければ［新規］をクリックし、「新しいユーザー環境変数」の「変数名」に TEMP,「変数値」に c:\tmp を入力する。［OK］をクリックする

9. ［新規］をクリックし、「新しいユーザー環境変数」の「変数名」に TMP,「変数値」に c:\tmp を入力する。［OK］をクリックする

10. ［OK］をクリックして閉じる

11. ［OK］をクリックして閉じる

12. File Explorer で C ドライブに新規フォルダ tmp を作成する

Windows 8.1 での環境変数設定

1. ［Windows］キーと［X］キーを同時に押す

2. 「コンピューターの基本的な情報の表示」画面が開く

3. 左側の［システムの詳細設定］をクリックする

4. 「システムのプロパティ」画面が開くので［環境変数］をクリックする

5. 環境変数で［Path］を選び，［編集］をクリックする。［Path］が無ければ［新規］をクリックする

6. 編集を選んだ場合は［新規］をクリックし，新しい行に TEXLive 2018 の\bin フォルダーのパスを追加する

7. ［OK］をクリックする

8. 新規を選んだ場合は「新しいユーザー変数」ダイアログが開くので「変数名」に Path，「変数値」に TEXLive 2018 の\bin フォルダーのパスを記入する

9. ［OK］をクリックする

10. ［新規］をクリックし，「新しいユーザー環境変数」の「変数名」に TEMP，「変数値」に c:\tmp を入力する。［OK］をクリックする

11. ［新規］をクリックし，「新しいユーザー環境変数」の「変数名」に TMP，「変数値」に c:\tmp を入力する。［OK］をクリックする

12. ［OK］をクリックして閉じる

▌2.5 拡張子を表示する

Windows は標準状態では「登録されている拡張子は表示しない」となっています。しかし，LᴬTEX を使っていると「test.tex」「test.dvi」「test.ind」のように同じファイル名で拡張子が異なるファイルがいくつも作られます。拡張子によってそれぞれ役目が違うのですが，拡張子が表示されないとその区別がつかず，非常に不便です。

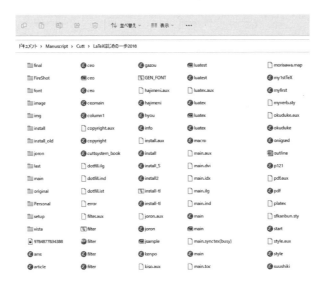

そのため，LᴬTEX を使う際には拡張子を表示するように設定を変更しておきましょう。Windows 10/11 の場合は以下の手順で行います。

1. 適当なフォルダーを開く
2. 上部メニューの［表示］をクリックする
3. ［ファイル名拡張子］をチェックする

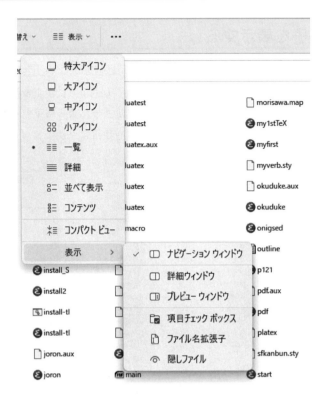

これですべてのファイルの拡張子が表示されるようになります。

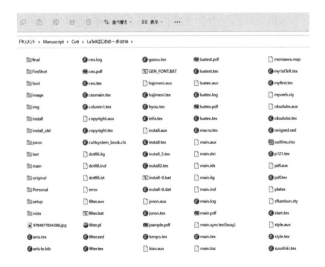

第 3 章

LATEX を使ってみよう

■ 3.1　TeXworks を起動する

　インストールが完了したところで，LATEX のソースファイルを書き，処理し，表示して
みましょう。

　ここでは TeXworks を使い，ソースファイル作成からタイプセット，表示までの一連の
流れを実行します。

　Windows のスタートメニューから TeX Live 2022 – TeXworks Editor を選びます。
TeXworks が起動すると，最初は真っ白な名前のない状態となります。

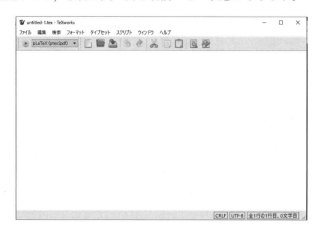

　LATEX ソースファイルは\documentclass という宣言から書き始めなければなりませ
ん。TeXworks には補完といって，LATEX コマンドの先頭文字を入力し，Tab キーを押す
と候補が入力される機能が備わっています。

　\doc と入れ，Tab キーを 2 回押すと

　\documentclass[]{●}

と変換されました。

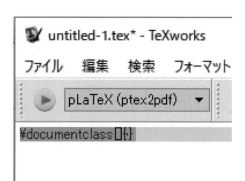

クラスファイル名やオプションまでは補完してくれないので，キーボードから [a4] {jsarticle} と入力します。

次に文書の始まりと終わりを表す\begin{document}～\end{document}の入力です。

カーソルを次の行に移動し，\bdo と入力します。

[Tab]キーを押すと

\begin{document}

\end{document}

と補完されます。

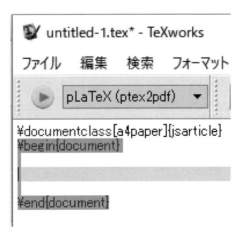

■ 3.2 本文を入力する

それでは本文を入力しましょう。

LaTeX では，\begin{document}と\end{document}の間に本文を書きます。

TeXworks の画面で次のように入力してください。数字やアルファベットは半角です。大文字，小文字の違いも区別します。

■ 入力

```
Hello \TeX


\LaTeX  の世界へようこそ！！
これから\LaTeXe を体験しましょう。
\[
e^{\pi i} + 1 = 0
\]
```

\LaTeX，\LaTeXe の後には必ず半角のスペースを 1 個空けてください。

入力が済んだら，[Ctrl] キーを押しながら S キーを押します。これはファイル保存のショートカットです。最初は名前がないので保存フォルダーとファイル名の指定を求めてきます。そのまま保存するとファイル名には拡張子「．tex」が付きます。プルダウンメニューから他の拡張子も選べますし，自分で拡張子を付けることもできますが，LaTeX ソースファイルの拡張子は「．tex」にしてください。

ツールバー左端，「pLaTeX」の横にある三角形ボタンをクリックしてください。pLaTeX によるタイプセットを起動します。タイプセットが無事に済んだら，PDF ビュワー画面

が開き，タイプセット結果が表示されます。

　文字が小さくて読みにくいようでしたら，メニューバーにある虫眼鏡アイコンをクリックすれば拡大表示させることができます。

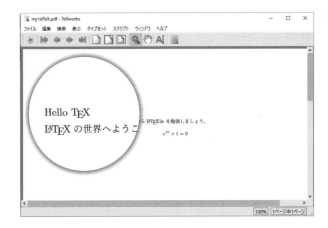

　表示位置は左右のスクロールバーで動かすことができます。

　ソースエディタにカーソルを戻し，文書を追加してみましょう。何か文書を追加したり削除したり，変更を加えて保存し，タイプセッタのボタンをクリックすると，PDF ビュワー画面も変わります。WYSIWYG なワードプロセッサのようにリアルタイムで変わるわけではありませんが，短い文書，高速なパソコンであればあまり待たされること無く，編集結果を確認できます。

　なお，ファイルメニューに［PDF を印刷する］という項目があるのですが，ここをクリックしても現在のバージョンでは実際には印刷できません。印刷するには SumatraPDF など他の PDF ビュワーで開いてください。

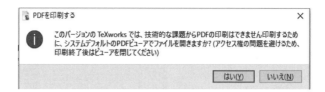

3.3　TeXworks の機能

TeXworks にはさまざまな機能があります。

3.3.1　補完機能

補完機能ですが，\do で\documentclass[]{}，\bdo で\begin{document}〜
\end{document}だけでなく，LᴬTᴇX で使われるほとんどのコマンドについて補完できる
ようになっています。

だいたい先頭文字を 1〜3 文字程度入力して Tab キーを押せば補完されます。最初に表
示されたものが希望する補完ではなかった場合，Tab キーをさらに押せば次の候補が表示
されます。

補完候補はユーザーのホームディレクトリにある TeXworks\completion フォルダー
にある tw-latex.txt, tw-basic.txt, tw-beamer.txt, tw-context.txt というファ
イルに書かれています。LᴬTᴇX のコマンドを追加するには tw-latex.txt を TeXworks
などのエディタで開き，追加します。なおファイルが書き込み禁止になっていた場合は右
クリックしてプロパティを開き，［読み取り専用］のチェックが付いていたら外します。

\jsa で\documentclass[a4]{jsarticle}と補完するには，tw-latex.txt に
\jsa:=\documentclass[a4]{jsarticle}という行を追加します。

ファイルを保存し，TeXworks を再起動すれば\jsa と入力して Tab キーを押すことで
\documentclass[a4]{jsarticle}と挿入されます。

3.3.2　エラー箇所へのジャンプ

タイプセットを開始して，ソースファイルにエラーがあるとタイプセットはエラーメッ
セージを表示してそこで処理を停止します。このとき，e キーを押して Enter キーを押
すと，ソースコードの問題箇所にカーソルがジャンプします。

3.3.3　ソースと PDF の間をジャンプする SyncTᴇX

ソースファイルを開き，タイプセットして PDF ファイルをプレビューしている状態
で，マウスの右クリックだけで該当箇所を相互ジャンプできる SyncTᴇX という機能があ

ります。

　ソースファイルの任意の行で右クリックするとショートカットメニューが表示されます。「PDF の該当箇所へジャンプ」を選ぶと PDF ビュワー画面の，そのソースが表示されているページが開きます。

　逆に PDF ビュワー側でマウスの右クリックすると「ソースの該当箇所へジャンプ」という項目が出て，クリックするとエディタの該当箇所にジャンプします。

■ 3.4　コマンドプロンプトで操作する

　LATEX ソースファイルを LuaLATEX でタイプセットし，出力された PDF ファイルを
SumatraPDF でプレビューする方法について説明します。

　ソースファイルを作るには Visual Studio Code，秀丸エディタ，GNU Emacs などテ
キストファイルの読み書きができるエディタであれば何でもかまいません。Windows の
メモ帳でも使えないことはありませんが，LATEX を使うのであれば何かエディタをファイ
ルをインストールしておきましょう。保存する際にはファイルの拡張子を「. tex」にし
ます。

　ソースファイルを pLATEX で処理するにはコマンドプロンプトで行います。

　コマンドプロンプトは次の方法で開きます。

　Windows10/11 では Start メニューを開き，［Windows システムツール］から［コマン
ドプロンプト］を選びます。

　Windows 8.1 ではデスクトップ左下を右クリックし，［コマンドプロンプト］を選び
ます。

　コマンドプロンプトが開きました。

　デフォルトだとコマンドプロンプトはバックが黒，文字が白で表示されますが，印刷し
たときに読みにくいので白地に黒い文字で表示されるようにプロパティを変更してあり
ます。

　現在のフォルダー（カレントディレクトリ）が先ほどの LATEX ソースファイルを保存
した場所と違っていたら，そこに移動し，カレントディレクトリを変更しなければいけま
せん。これには cd（チェンジ・ディレクトリ）命令を使います。

　LATEX ソースファイルが C:\home\test に保存されているのであればキーボードから

```
cd \home\test
```

と入力し，Enter キーを押します。そして dir と入力して Enter キーを押します。移動
したカレントディレクトリにあるファイルが一覧表示されます。

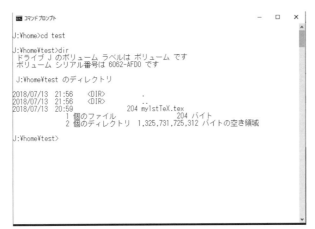

3.4.1 LuaL̊aTEX でタイプセットし，PDF ファイルを出力する

　ソースファイルの名前が my1stTeX.tex だとすると，lualatex my1stTex
と入力し Enter キーを押します。

　設定ミスやソースファイルの記述に間違いがなければ，次のように表示されて処理が終
わります。

　再度 dir と入力してみましょう。my1stTeX.aux, my1stTeX.pdf, my1stTeX.log とい
うファイルができています。

　start myFirstTeX.pdf と入力し，Enter キーを押します。SumatraPDF など PDF
ビュワーが起動して myFirstTeX.pdf を表示します。

3.4.2　pLaTeX，upLaTeX を使う方法

platex my1stTeX，もしくは uplatex my1stTeX
と入力し，[Enter]を押します。設定ミスやソースファイルの記述に間違いがなければ，次のように表示されて処理が終わります。

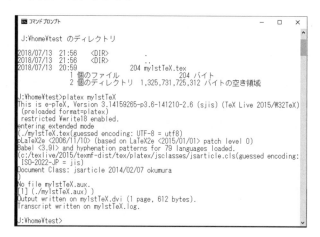

　再度 dir と入力してみましょう。my1stTeX.aux, my1stTeX.dvi, my1stTeX.log というファイルができています。LuaLATEX との違いはこの時点で PDF ファイルが作成され

ず，dvi ファイルができていることです。

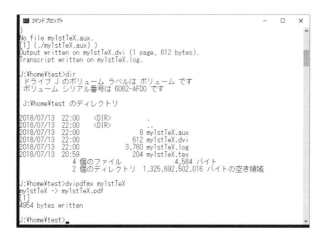

dvi ファイルを dvipdfmx で PDF ファイルに変換します。

コマンドプロンプトで

`dvipdfmx　my1stTeX`

と入力し，Enter キーを押します。

問題が無ければ my1stTeX.pdf が出力されます。

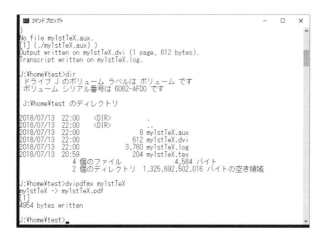

のように表示されたら，PDF 変換完了です。

`start myFirstTeX.pdf` と入力し，Enter キーを押します。SumatraPDF など PDF
ビュワーが起動して myFirstTeX.pdf を表示します。

■ 3.5　エラーが表示されたら

　ソースファイルに間違いがあると，変換処理中にエラーが表示されて処理が止まってしまいます。

```
コマンドプロンプト - platex my1stTeX.tex                           □   ×

J:\home\test>platex my1stTeX.tex
This is e-pTeX, Version 3.14159265-p3.6-141210-2.6 (sjis) (TeX Live 2015/W32TeX)
 (preloaded format=platex)
 restricted \write18 enabled.
entering extended mode
(./my1stTeX.tex(guessed encoding: UTF-8 = utf8)
pLaTeX2e <2006/11/10> (based on LaTeX2e <2015/01/01> patch level 0)
Babel <3.9l> and hyphenation patterns for 79 languages loaded.
(c:/texlive/2015/texmf-dist/tex/platex/jsclasses/jsarticle.cls(guessed encoding:
 ISO-2022-JP = jis)
Document Class: jsarticle 2014/02/07 okumura
) (./my1stTeX.aux)
! Undefined control sequence.
l.5 \LaTeXの世界へようこそ
                             ! !
? ▮
```

　これは 5 行目，\LaTeX と続く「の」の間に半角スペースがなく，つながっているために\LaTeX というコマンドとして理解できなかったことを意味しています。

\documentclass{jsarticle}

\begin{document}

Hello \TeX

\LaTeX の世界へようこそ!!

これから\LaTeXe を体験しましょう。

\[

e^{\pi i} + 1 = 0

\]

\end{document}

　ここでそのまま Enter キーを押すとエラーを無視して残りの行の処理を続行しま

す。$\boxed{X}$ を入力して $\boxed{Enter}$ キーを押すと，処理を中断します。コマンドプロンプトでは，Ctrl+C（$\boxed{Ctrl}$ キーを押しながら $\boxed{C}$ キーを押す）で処理を中断することができます。

エディタに戻ってエラー箇所を修正し，再度 LATEX で処理しましょう。

■ 3.6　TEX 用のエディタとは

TEX フィアルを作成するのに，Windows のメモ帳でもできないことはないですが，あまりにも非効率です。さまざまなコマンドを埋め込み，タイプセットしてビュワーで出力を確認し，再修正するといった一連の作業をこなすには TEX 用のエディタが欠かせません。

TEX 用のエディタに求められる機能としては

- Unicode（UTF-8），シフト JIS，EUC などの各種文字コードが扱える
- 各種コマンドの補間機能がある
- 対応するカッコなどを表示してくれる
- コマンドなどのカラーハイライト表示ができる
- 正規表現による検索・置換ができる
- コードのコメントアウト／コメントアウト解除ができる
- 一発でタイプセット，プレビューできる
- エラー発生時にソースの問題行にすぐ移動できる
- PDF ビューワーとソースとで SyncTEX ができる
- カスタマイズができる

といったものでしょうか。

あなたたがプログラマーであれば，ソースコードを書いているエディタや IDE（統合開発環境）は同じようなことができると思います。もしかしたらそのエディタは TEX に対応しているかもしれません。デフォルトでは対応してなくても，オプションやプラグインを設定することで TEX 用にも使えるエディタは多いです。

TEX 用エディタについては TEXWiki の「TeX 用統合環境・エディタ」に紹介されています。ただ，紹介されているものが多すぎて，どれを選べばいいのか困ってしまうかもしれません。

筆写は長年 GNU Emacs ＋ YaTeX（やてふ）をメインに使っています。メールの読み書きや HTML のコーディングなどもずっと GNU Emacs なので，単純に指が慣れてしまい，他のエディタに乗り換える気にならないというの実情です。Emacs はファイルの保存が「Ctrl ＋ x ＋ s」なのですが，他のエディタで「Ctrl ＋ x」とやったら，それが行まるごと削除に割り当てられていて慌てることがあります。

以前は秀丸エディタ＋柿鳥（のりてふ）も使っていました。Windows 専用のエディタ

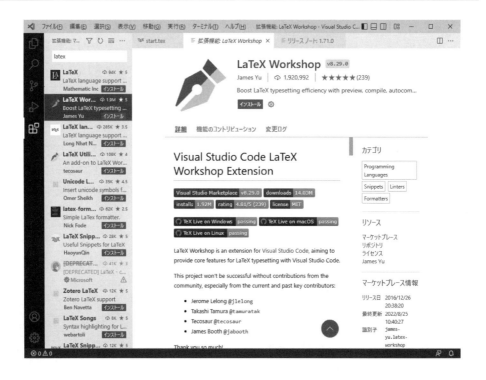

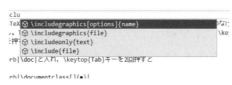

なので，面倒な設定はいらないというのは便利です。

　最近では Visual Studio Code の評価が高いようです。拡張機能 LaTeX Workshop をインストールすると，強力な補完，シンタックスハイライト，PDF プレビューなどが実現します。

　お気に入りのエディタを見つけて，LATEX を使い込んでください。

3.7　オンライン上の LATEX 処理系を使う

　ここまで紹介してきた LATEX 処理系はパソコン（Windows, macOS, Linux, BSD など）にインストールして使うものでしたが，最近ではオンライン上で Web ブラウザから操作できる LATEX 処理系も登場しています。

　日本で開発され，運営されているオンライン LATEX 処理環境としては採用・キャリア支

援事業などを手がける株式会社アカリクが運営している Cloud LaTeX[*1]などがあります。

　Cloud LaTeX は登録が必要ですが，無料で使うことができます。対応している LaTeX
処理系としては

```
platex
uplatex
lualatex
pdflatex
xelatex
```

と種類も多く，充実しています。

第 4 章

LATEX の基礎

4.1　LATEX のきまりごと

　LATEX で文書を作成するには，Microsoft Word や一太郎などのワードプロセッサソフトにはない，いくつかのきまりごとがあります。

　ワープロソフトでは，文書作成画面に文字を入力し，見出しを付けたり文字サイズを変更したり，図や写真を挿入してレイアウトを行い，印刷するという手順を踏むでしょう。それに対し LATEX では

1. 文字と LATEX のコマンドを埋め込んだソースファイルを作る
2. LATEX で処理して dvi ファイルあるいは pdf ファイルを出力する
3. プレビューソフトでレイアウトを確認する
4. 問題があれば 1 に戻る
5. 完成

という手順を踏みます。いくつか，これらの処理を一括して行える統合環境も出ていますが，ワープロソフトのように画面でレイアウトしたものがそのまま出力結果になるというわけにはいきません。

4.2　LATEX の処理系

　2022 年現在，日本語を扱うことができる主な LATEX の処理系（エンジン，プログラム）としては次の 3 つがあげられます。

- pLATEX
- upLATEX
- LuaLATEX

　pLATEX は英語版の LATEX を株式会社アスキーが日本語化したもので，30 年以上にわたって日本語 LATEX の代表格として使われてきました。学会が論文誌への投稿用に用意しているクラスファイルは多くが pLATEX をベースとしています。

　upLATEX は日本語を Unicode で扱うように改良したものです。pLATEX との互換性は高く，丸数字や特殊記号などをそのままソースに記述して使うことができます。jsclasses クラスのオプションとして uplatex を付ければ，ほとんどの pLATEX ソースがそのまま処理できます。

　LuaLATEX は内部的には pLATEX，upLATEX とはかなり異なっているモダン LATEX です。dvi ファイルを経由せずに直接 PDF ファイルを出力します。和文フォントの指定，切り替えなどが簡単に行えます。

　3 つの LATEX 処理系はクラスファイルの指定，使えるパッケージファイル，長さの単位

などにいくつか違いがありますが，LaTeX の基本的な命令，つまりソースファイルの書き方に大きな違いはありません。

4.3 ソースファイルを作る

LaTeX の元となるファイルはテキストファイルです。メモ帳などのエディタで読み書きできる，シンプルなファイルです。ただし拡張子は.tex とします。

ソースファイルの作り方としては，最初に文章を入力してしまい，後からコマンドを追加してもいいし，文章とコマンドを同時に入力する方法でも，どちらでもいいでしょう。論文など，文書の論理構造を重視する場合には，見出しなどのコマンドは本文入力と同時に埋め込んだ方がいいかもしれません。TeXworks などの統合環境や秀丸＋祝鳥（のりてふ）マクロ，Emacs ＋ YaTeX（やてふ），Visual Code Studio ＋ LaTeX Workshop などを使えば，コマンドの入力を手助けしてくれます。

LaTeX のコマンドは原則として\から始まります。

これらのコマンドには，\begin{コマンド}〜本文〜\end{コマンド}というように，文を挟むタイプと\コマンド{文}というように，コマンドの引数として文を与えるタイプ，\コマンドのように引数を持たない命令のみのものなどいくつかのタイプがあります。また，文だけでなくパラメータを持つコマンドもあります。基本的なよく使うコマンドを覚え，あとは必要に応じて本書などを参照して特殊なコマンドを探してみればいいでしょう。

4.4 ソースファイルの構造

LaTeX ソースファイルは大きく二つのブロックから構成されます。

```
\documentclass[クラスオプション]{クラスファイル}
\usepackage[パッケージオプション]{パッケージファイル}
```
プリアンブル

```
\begin{document}
本文
\end{document}
```
本体

\documentclass から始まる先頭の部分をプリアンブルといい，文書の体裁，用紙のサイズ，図版の使用，縦書きの指定，段組，その他いろいろなオプションを記述します。ここで記述した内容は文書全体に効力が及びます。

一番基本的なことは\documentclass[クラスオプション]{クラスファイル}に指定し，その他は\usepackage{パッケージ名}などで指定します。

クラスファイル　　対応している処理系
jsarticle　　　　　pLATEX, upLATEX
ltjsarticle　　　　LuaLATEX
jlreq　　　　　　　pLATEX, upLATEX, LuaLATEX

そして\begin{document}から本文が始まります。
最後は必ず\end{document}で終わります。

4.5　ドキュメントクラス

　一般的なワードプロセッサと異なり，LATEX では短いレポートか長い書籍にするか，用
紙のサイズや本文の文字サイズといった体裁を最初に決める必要があります。
　これはプリアンブルの一番最初に
\documentclass[クラスオプション]{クラスファイル}
とクラスファイルとクラスオプションで設定します。ドキュメントクラスの指定は一つの
LATEX ソースファイル中で一回・一カ所しか書けません。

4.6　クラスファイル

　クラスファイルとは，レポートや書籍といった基本的なスタイルの違いを定義するファ
イルです。レポートや書籍の違いは左右のページでレイアウトを変えたり，章〜節といっ
た区切りのレベルにあります。
　一般的な日本語文章であれば jsarticle, ltjsarticle, jlreq のいずれかを使えばよいで
しょう。それぞれの違いは以下のとおりです。ltjsarticle は jsarticle を LuaLATEX 用に改
良したもの。jlreq は pLATEX, upLATEX, LuaLATEX いずれにも対応している新しいクラ
スファイルです。
　かなり古い日本語対応クラスファイルとして jarticle , jbook , jreport がありました。
しかし，これらのクラスファイルは文字組などにいくつか問題点があり、現在は非推奨
です。
　その後, 奥村晴彦さんが開発された新ドキュメントクラス jsclasses クラス集（jsarticle,
jsbook）が標準のドキュメントクラスとなりました。当初は jreport に相当する jsreport
はなかったのですが，2017 年に jsreport が追加されました。
　jsclasses クラス集には次のような特徴があります。

- 小林肇さんが開発した JIS フォントメトリック（JIS X 4051-1995「日本語文書の
  行組版方法」になるべく即したフォントメトリック）を標準で使用
- 諸パラメータが和文組版の伝統に合わせてチューニングされている

- サイズオプションが 9pt, 10pt, 11pt, 12pt, 14pt, 17pt, 21pt, 25pt, 30pt, 36pt, 43pt と豊富に用意されている
- クラスオプション uplatex を追加することで upLATEX で使える

その他のクラスファイルとクラスオプションについては章末にまとめましたので，参照してください。

LuaLATEX 用には ltjsarticle, ltjsreport, ltjsbook という専用のクラスファイルがあります。ltjscasses は基本的に jsclassses と同じです。

これからは pLATEX にも upLATEX にも LuaLATEX にも共通で対応している jlreq を使うのがお勧めです。jlreq は阿部紀之さんが開発し，WWW の標準化を行っている W3C の「日本語組み版処理の要件」に準拠しています。ただしパッケージファイルなどによっては jlreq に対応していないものもあり，その場合には jsarticle, jsbook をお使いください。

学会論文誌などで専用のスタイルファイルを用意してあるところもあります。その場合は専用スタイルファイルを使い，おそらく同梱されている注意事項に従ってください。

4.6.1　クラスファイルオプション

用紙サイズ，フォントサイズ，DVI ドライバなどを指定します。たとえば jlreq は標準で

- 用紙は A4 サイズ
- 本文の文字サイズは 10 ポイント
- 1 段組
- 片面印刷
- タイトルは本文ページ内
- ページ中央下部にノンブル出力

となっています。

文字サイズを 12 ポイントにし，用紙サイズは B4 にし，pLATEX, upLATEX で DVI ドライバに dvipdfmx を使うのなら

\documentclass[b4paper,12pt,dvipdfmx]{jlreq} と書きます。

複数のオプションは半角カンマ「,」で区切ります。[12pt, b4paper] でも [b4paper, 12pt] でも同じ結果になり，順番は設定に影響を与えません。

以前は DVI ドライバの指定はパッケージファイル verb|graphics|のオプションで指定することが一般的でしたが，現在はクラスファイルオプションで指定するようになっています。

▌ 4.7　パッケージファイル

　プリアンブルでは\usepackage{パッケージファイル} というコマンドでいくつかオプ
ションのパッケージファイルを指定することがあります。これは標準的な jsarticle な
どのクラスファイルには含まれていない機能を別ファイルとして読み込む指定です。

　パッケージファイルは.sty という拡張子を持ったテキストファイルです。いくつかの
パッケージファイルは LᴬTₑX のディストリビューションに同梱されています。

　たとえば文字やバックに色を使うには color パッケージを指定しなければなりません。
　これはプリアンブルに

```
\usepackage{color}
```

と書きます。拡張子.sty を書く必要はありません。パッケージファイルによってはオプ
ションを指定しなければならないものもあります。\usepackage コマンドをプリアンブ
ル以外の場所，本文部分や\documentclass の前に書くとエラーになります。

　color パッケージは LᴬTₑX に標準で添付されているパッケージファイルです。自分が
使っているマシンにインストールされていないパッケージを使おうとすると

```
! LaTeX Error: File '(package-name).sty' not found.
```

というエラーが表示されます。

　標準で添付されていないパッケージはユーザーがどこからか持ってくるか自分で作らな
ければなりません。世界中の TₑX ユーザーが作ったパッケージが CTAN (Comprehensive
TeX Archive Network) という Web サイトで公開され，自由に使えるようになってい
ます。

　CTAN の本部はアメリカにあります。一カ所にアクセスが集中するとサーバーの負担
が増えるため，ミラーサイトといって同じ内容のファイルを世界各地に分散して設置して
います。日本からは下記のミラーサイトにアクセスしてダウンロードするようにしましょ
う。自動的にミラーサイトにリダイレクトされます。

　http://mirror.ctan.org/
　http://www.ring.gr.jp/pub/text/CTAN/

▌ 4.8　パッケージファイルのインストール先

　CTAN や個人のサイトからダウンロードした，あるいは自分が作ったパッケージファ
イルやクラスファイルはどこに保存すればいいのでしょうか。LᴬTₑX が知らない場所に勝
手に置いても，タイプセット時に

```
! LaTeX Error: File `xxx.sty' not found.
```

とエラーが出てしまいます。

　一時的にそのパッケージファイルを使いたいというのであれば，タイプセットしようとする LaTeX ソースファイルと同じフォルダーに置いておきます。

　継続してパッケージファイルを使うのであれば，標準的なフォルダーに置くのが良いでしょう。ディストリビューションやインストール時の設定によって異なりますが，TeXLive の場合は

```
C:\texlive\texmf-local\texmf-dist\tex\platex\
```

の下に置かれます。

　パッケージファイルを追加した際には，LaTeX にその場所を示すデータベース ls-R を更新しておきましょう。これにはコマンドプロンプトで

```
mktexlsr
```

と入力し Enter キーを押します。mktexlsr コマンドがパッケージファイルを検索し，ls-R ファイルを更新してくれます。ls-R ファイルの中身はテキストファイルで，

```
% ls-R -- filename database for kpathsea; do not change this line.

./:
bibtex
context
doc
dvips
fonts
…
```

のように書かれています。

　一度 mktexlsr を使って ls-R ファイルを作ったならば，パッケージファイルを追加した場合には必ず mktexlsr コマンドを再実行しないといけません。LaTeX 処理系は新しいパッケージファイルがどこにあるのか分からず，エラーになってしまいます。

▌ 4.9　本文に使えない文字

　LaTeX のソースファイルを書くにあたって，本文中で使えない文字，そのままで表示できない文字などがあります。

　基本的にいわゆる全角文字はすべて使うことができ，そのまま出力されます。ただし「機種依存文字」「外字」は使えません。いわゆる半角カナは使えません。

次の文字は制御文字と重なるので，そのままでは使えません。

\# \% \$ \& \^ _ \{ \} \-

これらの文字を本文文字で使う場合には直前に\を付け，\\#のようにするか全角で「＃」
と記述します。

次の文字はソースファイル中の形とはまったく違う記号として出力されます。

| < >

これらはそのままソースファイル中に記述すると

— ¡¿

と表示されます。

元の形状どおりに表示するには

```
\textbar        |
\textless       <
\textgreater    >
```

と記述します。

ただしフォントエンコーディングに「T1」を指定すると，これらの特殊文字もそのまま
表示されます。T1[*1]を使うにはプリアンブルで

```
\usepackage[T1]{fontenc}
```

と宣言しておきます。

▌4.10　アルファベットや記号をそのまま表示する

LATEX では各種記号や制御文字，アルファベット，改行，スペースなどが命令として，
あるいは本文として処理され，整形されて出力されます。プログラムのソースファイルや
各種設定ファイルなどアルファベットや記号を入力したとおりに表示したいことがあり
ます。

これには\verb 命令または\begin{verbatim} 〜\end{verbatim} 環境を使います。
\verb 命令は| |の間に，表示したい文字を入力します。途中で改行があってはいけま
せん。

\verb| |の区切り記号は必ずしも「||」である必要はありません。制御記号ではない
記号で前後をはさんでやればいいのです。「|」を含む文字列をそのまま表示したい場合に
は，たとえば「+」を区切り記号として\verb+||+ と書いてやればいいのです。

複数行にわたる場合は verbatim 環境ではさんでやります。

[*1] 標準のフォントエンコーディングは OT1（= Old T1）になっています。

■ 入力

```
\begin{verbatim}
#include <stdio.h>
main()
printf("hello, world\n");
\end{verbatim}
```

■ 出力

```
#include <stdio.h>
main()
        {
        printf("hello, world\n");
        }
```

　プログラムファイルや設定ファイルなどで半角スペースが特に重要な場合があります。たとえば\LaTeX の後に文字を続けて書くとエラーになってしまうので，必ず半角スペースを挿入しなければなりません。この半角スペースを強調するには\verb*||，\begin{verbatim*}～\end{verbatim*}のように*を付けます。

■ 入力

```
\begin{verbatim*}
\LaTeX  の後には必ず半角スペースを空けなければいけません。
\end{verbatim*}
```

■ 出力

```
\LaTeX␣の後には必ず半角スペースを空けなければいけません。
```

▌ 4.11 lstlisting 環境でソースコードを表示する

\verb や verbatim 環境でソースコードを表示するのは簡単でいいのですが，平板に
なって面白みがありません。lstlisting 環境を使い，オプションの設定によって言語ご
との予約語が太字になったり，行番号を付けたりすることができます。

lstlisting 環境を使うにはプリアンブルで

```
\usepackage{listings}
\lstset{%
  keywordstyle={\bfseries},
  stringstyle={\ttfamily},
  frame={tb},
  numbers=left,
  xleftmargin=30pt,
}
```

のように記述します。

verb|lstset|で指定した内容の意味は

keywordstyle={\bfseries}	キーワードを太字にする
stringstyle={\ttfamily}	本文をタイプライター体にする
frame={tb}	上下に横罫線を引く
numbers=left	行番号を左に置く
xleftmargin=30pt	左マージンを 30pt にする

です。

主に記述するプログラミング言語が一つならば，ここで language=C のように指定する
と，デフォルトの言語となります。

角丸四角で囲ったり、色を付けたり、いろいろ指定できます。詳しくはコマンドプロン
プトに

```
texdoc listings
```

と入力して表示されるマニュアルを読んでください。

本文中にソースコードを記載する場所を lstlisting 環境で囲みます。[] 内にオプ
ションとして

```
language=：プログラミング言語を指定する
caption：キャプションを付ける
```

を指定することができます。

　対応しているプログラミング言語は X86masn アセンブラ，Fortran，Algol，COBOL から C++，Java，Ruby，Python まで，数十種類に及びます。LaTeX にも対応しています。

■ 入力

```
\begin{lstlisting}[language=c, caption=C 言語による Hello Wold]
#include<stdio.h>
int main(){
    printf("Hello world! こんにちは");
}
\end{lstlisting}


\begin{lstlisting}[language=tex,caption=LaTeX による Hello Wold]
\begin{document}
Hello, World! こんにちは
\end{document}
\end{lstlisting}


\begin{lstlisting}[language=java,caption=Java による Hello Wold]
public class HelloWorld
{
    public static void main(String[] args)
    {
    System.out.println("Hello, World! こんにちは");
    }
}
\end{lstlisting}
```

▌ 出力

Listing 4.1: C 言語による Hello Wold

```
1  #include<stdio.h>
2  int main(){
3      printf("Hello world! こんにちは");
4  }
```

Listing 4.2: LaTeX による Hello Wold

```
1  \begin{document}
2  Hello, World! こんにちは
3  \end{document}
```

Listing 4.3: Java による Hello Wold

```
1  public class HelloWorld
2  {
3      public static void main(String[] args)
4      {
5      System.out.println("Hello, World! こんにちは");
6      }
7  }
```

4.12　改行と空白

LATEX のソースファイルでは，改行と空白について次のように特殊な意味があります。

- 半角欧文文字中での 1 個の改行は 1 個の半角スペースとして扱われ，全角和文文字中の 1 個の改行は無視される
- 2 個続いた改行は段落の区切りとして扱われる
- 連続する複数の半角スペースは 1 個の半角スペースとして扱われる。複数の全角スペースはその個数分の全角空白として扱われる

具体的には次のようになります。␣は半角スペースを表します。

▌入力

```
There              is no              royal to              learning.

学問
に
王道
無し
```

▌出力

There is no royal to learning.
学問に王道無し

　ですから，文章を書く時に一段落を続けて書いても，メールのように 1 行ごとに改行を入れても，表示結果は同じになります。

▌4.13　文字のサイズを指定する

　jlreq の標準は欧文，和文とも文字サイズが標準（\normalsize）で 10 ポイントになっています。

　本文全体の\normailsize を変更するにはクラスオプションで 9pt，11pt などと指定します。文中で特定の文字のサイズを指定するには次の命令を使います。\Large や \small は\normalsize に対して相対的な拡大縮小なので，それらの文字サイズを厳密に決めることはできません。フォントサイズをポイント数などで指定する方法については 12.6.5 を参照してください。

命令	ポイント数	出力結果
{\tiny 一番小さな文字}	5	一番小さな文字
{\scriptsize 次に小さな文字}	7	次に小さな文字
{\footnotesize 脚注に使われる文字}	8	脚注に使われる文字
{\small 小さな文字}	9	小さな文字
{\normalsize 標準の文字}	10	標準の文字
{\large 大きな文字}	12	大きな文字
{\Large 次に大きな文字}	14.4	次に大きな文字

命令	ポイント数	出力結果
{\LARGE　かなり大きな文字}	17.28	かなり大きな
{\huge　とても大きな文字}	20.74	とても大きな
{\Huge　一番大きな文字}	24.88	一番大きな

▌4.14　長さの単位

長さの単位としては次のものがあります。

- cm　センチメートル
- mm　ミリメートル
- in　インチ　（1in = 2.54mm）
- pt　ポイント（72pt = 1in）
- pc　パイカ（1pc = 12pt）
- bp　ビッグポイント（72bp = 1in）
- sp　スケールポイント　（65536sp = 1pt）
- em　文字"M" の幅
- ex　文字"X" の高さ
- zw　和文 1 文字の幅
- zh　和文 1 文字の高さ
- Q　級（1Q = 0.25mm）
- H　歯（1H = 0.25mm）

このうち，zw, zh, Q, H は pLᴬTᴇX, upLᴬTᴇX でのみ使うことができます。LuaLᴬTᴇX では zw, zh の代わりに\zw, \zh となります。

八登崇之さん（zr-tex8r）さんが開発した bxjacalcux パッケージを組み合わせると LuaLᴬTᴇX でも zw, zh, Q, H を使うことができます。ただし\zw と zw を混在させることはできません。

pt と bp，ポイントとビッグポイントですが，ビッグポイントは Word や DTP などで使われている単位です。1pt は 1/72.27 インチ，1bp は 1/72 インチという違いがあります。

Q と H は写植機（写真植字機）で使われていた日本独自の単位です。写植では文字の大きさは級数，行間は歯数で指定していました。14Q がおよそ 10 ポイントに相当します。

最新のクラスファイル jlreq では，デフォルトで欧文，和文とも標準文字サイズが 10pt に設定されています。

4.15　太字や斜体にする

基本的には和文文字は明朝体とゴシック体の 2 書体，欧文文字には以下の 7 書体が使われます。書体を変えるには\text ＊＊{}で変えたい文字をくくります。\textbf は欧文文字ではボールド体にする命令ですが，和文文字では設定次第です。一般的な設定ではゴシック体になります。確実にゴシック体にするには\textgt を使います。

\textmc{明朝体 Mincho}	明朝体 Mincho	本文組み用
\textgt{ゴシック体 Gothic}	**ゴシック体 Gothic**	強調・見出し用
\textrm{Roman ローマン}	Roman ローマン	本文組み用
\textbf{Bold ボールド}	**Bold ボールド**	見出し用
\textit{Italic}	*Italic*	強調・書名
\textsl{Slanted}	*Slanted*	斜体
\textsf{Sans Serif}	Sans Serif	見出し用
\texttt{Typewriter}	Typewriter	コンピューターの命令
\textsc{Small Caps}	Small Caps	見出し用

4.16　右寄せ，中央揃え，左寄せ

ある段落を右寄せにするには flushright 環境，中央揃えにするには center 環境，左寄せ（デフォルト）にするには flushleft 環境で指定します。

入力

```
\begin{flushright}
2023 年 10 月\\
物理学科同窓会事務局
\end{flushright}
\begin{center}
\Large{同窓会のご案内}
\end{center}
\begin{flushleft}
物理学科卒業生の皆様
\end{flushleft}
```

■ 出力

> 2023 年 10 月
> 物理学科同窓会事務局
>
> 同窓会のご案内
>
> 物理学科卒業生の皆様

4.17　強制的に改ページするには

ページの途中で強制的に改ページをするには\newpage 命令を挿入します。

4.18　タイトルと概要を付ける

論文など，冒頭にタイトルと概要を付けることができます。タイトルの内容は以下のように指定しておきます。通常はプリアンブルで指定しておき，本文に入ったところ（\begin{document}の直後）でタイトルを出力する\maketitle 命令を記述します。（アブストラクト）概要，アブストラクトは\maketitle の後，abstract 環境の中に記述します。book オプションでは概要は使えません。

■タイトル

\title{タイトル}	文書のタイトルを指定する
\title{タイトル\\タイトル続き}	タイトルを途中で改行する場合

■日付

\date {日付}　表示する日付を指定する。省略するとタイプセットした日が出力される

■著者

\author {著者}	著者名を指定する
\author {著者 1 \and 著者 2}	複数の著者がいる場合
\author {著者\thanks{所属}}	著者名に所属組織などを指定する場合

複数の著者による共同執筆で，それぞれの所属機関を記載し，概要を付ける場合の書き方です。

█ 入力

```
\title{\LaTeX によるハナモゲラ語の組版}
\author{土屋 勝\thanks{株式会社エルデ 東京都新宿区} \and 山田 太郎
\thanks{国際信州学院大学工学部 長野県安雲野市} \and 鈴木花子\thanks{
千葉電波大学理学部 千葉県千葉市}}
\date{2022 年 9 月 31 日}
\maketitle
\begin{abstract}
『ハナモゲラ』は、山下洋輔一派、「ジャックの豆の木」常連客の間で流行した言葉
遊びの一つである。「ハナモゲラ」の他には「インチキ外国語」「解かない謎解き」
「観念シリトリ」などがある。1970 年代半ばから 1980 年代初頭にかけて隆盛を
奮った。ハナモゲラの様式を使った言葉をハナモゲラ、あるいはハナモゲラ語とい
う。お笑いタレント・タモリの持ち芸として有名である。

本論文ではハナモゲラ語を\LaTeX でそれらしくモレカケサはハレしていまはげ
しくナレ・・・
\end{abstract}
1972 年、お笑いタレント・タモリを発見した直後の第 1 期山下洋輔トリオの中村
誠一が出した、アイディア「初めて日本語を聞いた外国人の耳に聞こえる日本語の
物真似」\cite{nakamura}が元祖。それをのちに「ジャックの豆の木」時代のタ
モリ\cite{tamori}が「日本語の物真似」として完成させた。

その頃から怪しげな言葉を喋るタモリとの付き合いで、言語的混沌状態に陥って
いた坂田明（第 2 期山下洋輔トリオ）が、1976 年 2 月 11 日におこなわれた河野
典生宅の新築祝い「紀元節セッション」において、河野とのセッションの最中にぶ
ち切れて急に叫び出したのが、ハナモゲラの誕生の瞬間である。坂田のハナモゲラ
は歌舞伎の要素を多分に含んでいたため、「坂田カブキ」とも呼ばれ、のちに言語
的特性からハネモコシと分類された。
```

■ 出力

LATEX によるハナモゲラ語の組版

土屋 勝 *　　　　山田 太郎 †　　　　鈴木花子 ‡

2022 年 9 月 31 日

概要

『ハナモゲラ』は、山下洋輔一派、「ジャックの豆の木」常連客の間で流行した言葉遊びの一つである。「ハナモゲラ」の他には「インチキ外国語」「解かない謎解き」「観念シリトリ」などがある。1970 年代半ばから 1980 年代初頭にかけて隆盛を奮った。ハナモゲラの様式を使った言葉をハナモゲラ、あるいはハナモゲラ語という。お笑いタレント・タモリの持ち芸として有名である。本論文ではハナモゲラ語を LATEX でそれらしくモレカケサはハレしていまはげしくナレ・・・

1972 年、お笑いタレント・タモリを発見した直後の第 1 期山下洋輔トリオの中村誠一が出した、アイディア「初めて日本語を聞いた外国人の耳に聞こえる日本語の物真似」[1] が元祖。それをのちに「ジャックの豆の木」時代のタモリ [2] が「日本語の物真似」として完成させた。

その頃から怪しげな言葉を喋るタモリとの付き合いで、言語的混沌状態に陥っていた坂田明（第 2 期山下洋輔トリオ）が、1976 年 2 月 11 日におこなわれた河野典生宅の新築祝い「紀元節セッション」において、河野とのセッションの最中にぶち切れて急に叫び出したのが、ハナモゲラの誕生の瞬間である。坂田のハナモゲラは歌舞伎の要素を多分に含んでいたため、「坂田カブキ」とも呼ばれ、のちに言語的特性からハネモコシと分類された。

---

* 株式会社エルデ 東京都新宿区

† 国際信州学院大学工学部 長野県安雲野市

‡ 千葉電波大学理学部 千葉県千葉市

第5章

表作成

5.1　表組みを作る

データや数値をわかりやすく表示するために表組みを作ることがよくあり，ほとんどの
ワードプロセッサ，レイアウトソフトに表組みの機能が用意されています。本来は表計算
ソフトである Excel をレイアウトソフトとして使う例も多いでしょう。

もちろん LATEX にも表作成機能が備わっています。

LATEX の表組みはページ中で表を貼り込む位置を確保する table 環境と，その中で実際
に表を作る tabular 環境か数式モード中では array 環境で描きます。

5.2　table 環境

table 環境は表を実際に描く環境ではなく，文書中に表を張り込むスペースを確保する
環境です。table 環境を使うとページ中での表位置，表番号，キャプションなどを指定で
きます。本文が 2 段組のときには，1 段の幅に収まる大きさで表を出力します。\table*
環境を使うと，2 段組のときにページ横幅一杯を使った（二段抜き）の表を出力します。
本文が 1 段組の場合はどちらも同じ結果になります。

```
\begin{table}[位置]
\begin{tabular}または{array}|
表命令
\caption[目次用キャプション]{キャプション}
\label{ラベル}
\end{tabular}または{array}
\end{table}
```

と記述します。

位置オプションは

オプション	意味
h	その場所に配置する
t	ページ上端に配置する
b	ページ下端に配置する
p	独立したページに配置する

となっています。ただしページレイアウトによっては位置オプションを指定しても，希望
した場所に表が配置されないことがあります。場合によっては何ページも後に表が送られ
てしまいます。そのときは\clearpage 命令を挿入し，その箇所で強制的に表を出力して
改ページしてください。

\caption は表の説明を記述する命令です。通常は\caption{説明文}だけを記述すれば良いのですが，目次に表目次を加えた場合，長い説明が目次欄にそのまま掲載され，目次の 1 行に収まらなくなってレイアウトが崩れてしまいます。そのようなときは［目次用キャプション］に短い説明を書いておけば，表目次に短い説明が掲載されます。

例では説明文は表命令の後に書かれているので，表の下に説明文が配置されます。表の上に説明文を配置するには\caption 命令の後に表命令を書いてください。

\label は表に名前を付け，参照するためのタグです。\label{table:latex_kiso}のように他と重ならない名前を付けます。そして文書中に「表\ref{table:latex_kiso}を参照のこと」と書けば「表??を参照のこと」と表番号が自動的に埋め込まれます。

■ 入力

```
\begin{table}[h]
\begin{center}
\begin{tabular}{lcr}
書名 & 著者 & 価格（税込み）\\
\TeX ブック & ドナルド・E・クヌース & 6,116\\
文書処理システム\LaTeX2e & レスリー・ランポート & 3,150
\end{tabular}
\caption{\TeX , \LaTeX の基本書籍です}
\label{latex_kiso}
\end{center}
\end{table}
```

■ 出力

書名	著者	価格（税込み）
TEX ブック	ドナルド・E・クヌース	6,116
文書処理システム LATEX2e	レスリー・ランポート	3,150

▌5.3　罫線のない表を作る

縦横罫線のない，シンプルな表の作り方です。表作成には tabular 環境を使います。列の要素は&で区切り，行の区切りは\\です。最終行には\\を付ける必要はありません。

■ 入力

```
\begin{center}
\begin{tabular}{lcr}
\Large{\TeX , \LaTeX の基本書籍} & & \\
書名 & 著者 & 価格（税込み）\\
\TeX ブック & ドナルド・E・クヌース　& 6,116\\
文書処理システム\LaTeX2e & レスリー・ランポート　& 3,150
\end{tabular}
\end{center}
```

■ 出力

TEX，LATEX の基本書籍		
書名	著者	価格（税込み）
TEX ブック	ドナルド・E・クヌース	6,116
文書処理システム LATEX2e	レスリー・ランポート	3,150

　\begin{tabular}に続くかっこ内の{lcr}といった記号は，表の列数と位置を指定するものです。{lcr}と 3 文字あれば，表は 3 列あるということです。そして l は左寄せ，c はセンター，そして r は右寄せを意味します。つまり，{lcr}は 3 列の左列が左寄せ，次が中央揃えで最後が右寄せということです。

　最初に 3 列と宣言したら，すべての行において列要素は 3 個，列区切りの&は 2 個なければいけません。空白になる列は& &とします。この数が合わないとエラーになります。

■ 5.4　罫線を引く

　表に縦横の罫線を引く方法です。縦の罫線は\begin{tabular}{|l|lc|r|}のように，列要素指定部分に|を入れます。||とすると二重線が引かれます。横の罫線は行末に\hlineと指定します。\hline\hlineと続けて記入すると横の二重線になります。

　最後の行に横罫線を引く場合は，その行に\\を書いてから\hlineとします。横罫線が無い場合は最後の行に\\を付けなかったのと違いがあります。

■ 入力

```
\begin{center}
\begin{tabular}{|l||c|r|} \hline\hline
\Large{\TeX , \LaTeX の基本書籍} & & \\ \hline
書名 & 著者 & 価格（税込み）\\ \hline
\TeX ブック & ドナルド・E・クヌース & 6,116\\
文書処理システム\LaTeX2e & レスリー・ランポート & 3,150\\ \hline
\end{tabular}
\end{center}
```

■ 出力

TEX，LATEX の基本書籍		
書名	著者	価格（税込み）
TEX ブック	ドナルド・E・クヌース	6,116
文書処理システム LATEX2e	レスリー・ランポート	3,150

■ 5.5 部分的に横罫線を引くには

あるセルにだけ横罫線を引くには\cline{開始列–終了列}命令を使います。縦の罫線を部分的に引く命令は用意されていません。

■ 入力

```
\begin{center}
\begin{tabular}{lllll}
AAA & BBB & CCC & DDD & EEE \\ \cline{1-3}
AAA & BBB & CCC & DDD & EEE \\ \cline{2-4}
AAA & BBB & CCC & DDD & EEE \\ \cline{3-5}
\end{tabular}
\end{center}
```

■ 出力

AAA	BBB	CCC	DDD	EEE
AAA	BBB	CCC	DDD	EEE
AAA	BBB	CCC	DDD	EEE

■ 5.6　複数のセルを一つにまとめる

\multicolumn{}を使うと，横に隣り合った複数のセルを一つのセルにまとめることができます。

使い方は，まとめたいセルがある要素のところに\multicolumn{まとめるセル数}{要素指定}{要素}と記述します。それ以外の行では最初に記述された\begin{tabular}{要素指定}に従って表が作られます。

■ 入力

```
\begin{center}
\begin{tabular}{|l|c|r|} \hline
\multicolumn{3}{c}{\Large{\TeX , \LaTeX の基本書籍}} \\ \hline
書名 & 著者 & 価格（税込み） \\ \hline
\TeX ブック & ドナルド・E・クヌース　& 6,116\\
文書処理システム\LaTeX2e & レスリー・ランポート　& 3,150\\ \hline
\end{tabular}
\end{center}
```

■ 出力

TeX， LaTeX の基本書籍		
書名	著者	価格（税込み）
TeX ブック	ドナルド・E・クヌース	6,116
文書処理システム LaTeX2e	レスリー・ランポート	3,150

5.7　縦列をまとめるには

LATEX で縦のセルをまとめるには multirow パッケージを使います。プリアンブルで
\usepackage{multirow}と宣言し，multirow 命令でまとめる行数，幅，要素を指示します。*は幅を指定しない書き方です。\hline 命令で引く横罫線は結合しているとかいないとかを見ないので，\cline 命令できちんと引く範囲を指定しないといけません。

サンプルは次のとおりです　■ 入力

```
\begin{tabular}{|l|l|}\hline
\multirow{2}{*}{\TeX , \LaTeX の基本書籍}&\TeX ブック&ドナルド・E・クヌース&6,116\\ \cline{2-3}
& 文書処理システム\LaTeX2e &レスリー・ランポート&3,150\\ \hline
\end{tabular}
```

■ 出力

TEX，LATEX の基本書籍	TEX ブック	ドナルド・E・クヌース
	文書処理システム LATEX2e	レスリー・ランポート

5.8　列の幅を指定する

ある列の幅を指定するには，要素指定の際に p{幅}という命令を使います。幅はミリやセンチメートルなどの長さ，文字数などで指定できます。セルの中身が指定した幅よりも長い場合は自動的にその幅で文字列が折り返されます。

■ 入力

```
\begin{center}
\begin{tabular}{p{72pt}cp{20mm}r} \hline
\multicolumn{4}{c}{\Large{\TeX , \LaTeX の基本書籍}} \\ \hline
書名 & 著者 & 出版社 & 価格（税込み） \\ \hline
\TeX ブック & ドナルド・E・クヌース　& アスキー & 6,116\\ \hline
文書処理システム\LaTeX2e & レスリー・ランポート　& ピアソンエデュケー
ション & 3,150\\ \hline
\end{tabular}
\end{center}
```

■ 出力

TEX，LATEX の基本書籍			
書名	著者	出版社	価格（税込み）
TEX ブック	ドナルド・E・クヌース	アスキー	6,116
文書処理システム LATEX2e	レスリー・ランポート	ピアソンエデュケーション	3,150

■ 5.9　表の高さを指定する

　表の高さ（行間）は自動的に調節されますが，これを強制的に指定するには各行要素の \\ の後に［長さ］で指定します。マイナスの数値を入れれば高さが標準より小さくなります。

■ 入力

```
\begin{center}
\begin{tabular}{lcr} \hline
\multicolumn{3}{c}{\Large{\TeX , \LaTeX の基本書籍}} \\ \hline
書名 & 著者 & 価格（税込み）\\ \hline
\TeX ブック & ドナルド・E・クヌース  & 6,116\\ [-5pt]
文書処理システム\LaTeX2e & レスリー・ランポート  & 3,150\\ \hline
\end{tabular}
\end{center}
```

■ 出力

TEX，LATEX の基本書籍		
書名	著者	価格（税込み）
TEX ブック 文書処理システム LATEX2e	ドナルド・E・クヌース レスリー・ランポート	6,116 3,150

　表全体の行間を変えるには\arraystretch を再定義します。

\renewcommand{\arraystretch}{2}

とすると，標準行送りの 2 倍になります。

■ 入力

```
\begin{center}
\renewcommand{\arraystretch}{2}
\begin{tabular}{lcr} \hline
\multicolumn{3}{c}{\Large{\TeX , \LaTeX の基本書籍}} \\ \hline
書名 & 著者 & 価格（税込み）\\ \hline
\TeX ブック & ドナルド・E・クヌース  & 6,116\\
文書処理システム\LaTeX2e & レスリー・ランポート  & 3,150\\ \hline
\end{tabular}
\end{center}
```

▌出力

TEX, LATEX の基本書籍		
書名	著者	価格（税込み）
TEX ブック	ドナルド・E・クヌース	6,116
文書処理システム LATEX2e	レスリー・ランポート	3,150

5.10　部分的にレイアウトを変更する

　特定のセルだけ左右寄せなどレイアウトを変更するには\multicolumn 命令を使います。本来は複数の隣り合ったセルをまとめる命令ですが，セル数を 1 とすることでセルの結合は行わず，レイアウトの指定ができます。

▌入力

```
\begin{center}
\renewcommand{\arraystretch}{2}
\begin{tabular}{lcr} \hline
\multicolumn{3}{c}{\Large{\TeX , \LaTeX の基本書籍}} \\ \hline
\multicolumn{1}{|c|}{書名} & 著者 & 価格（税込み） \\ \hline
\TeX ブック & ドナルド・E・クヌース  &\multicolumn{1}{|l|}{6,116}\\
文書処理システム\LaTeX2e & レスリー・ランポート  & 3,150\\ \hline
\end{tabular}
\end{center}
```

■ 出力

TEX，LATEX の基本書籍		
書名	著者	価格（税込み）
TEX ブック	ドナルド・E・クヌース	6,116
文書処理システム LATEX2e	レスリー・ランポート	3,150

5.11　セルに網掛けする

　colortbl パッケージを使うとセルに網掛けすることができます。特定のセルだけ，行ごと，列ごとの指定が可能です。行ごとの網掛け指定は\rowcolor[色]{濃度}命令です。

■ 入力

```
\begin{center}
\begin{tabular}{lcr} \hline
\multicolumn{3}{c}{\Large{\TeX , \LaTeX の基本書籍}} \\
\rowcolor[cmyk]{0,0,0,0.4}書名 & 著者 & 価格（税込み） \\
\TeX ブック & ドナルド・E・クヌース　&6,116\\
文書処理システム\LaTeX2e & レスリー・ランポート　& 3,150\\
\end{tabular}
\end{center}
```

■ 出力

TEX，LATEX の基本書籍		
書名	著者	価格（税込み）
TEX ブック	ドナルド・E・クヌース	6,116
文書処理システム LATEX2e	レスリー・ランポート	3,150

　列ごとの網掛け指定は\columncolor[色]{濃度}命令を使います。>は位置指定の前にコマンドを挿入するというオプションです。

■ 入力

```
\begin{center}
\begin{tabular}{>{\columncolor[gray]{0.9}}lcr}
\multicolumn{3}{c}{\Large{\TeX ，\LaTeX の基本書籍}} \\
書名 & 著者 & 価格（税込み）\\
\TeX ブック & ドナルド・E・クヌース　&6,116\\
文書処理システム\LaTeX2e & レスリー・ランポート　& 3,150\\
\end{tabular}
\end{center}
```

■ 出力

TEX，LATEX の基本書籍

書名	著者	価格（税込み）
TEX ブック	ドナルド・E・クヌース	6,116
文書処理システム LATEX2e	レスリー・ランポート	3,150

特定のセルだけ網掛けをするには\multicolumn 命令を併用します。

■ 入力

```
\begin{center}
\begin{tabular}{lcr}
\multicolumn{3}{c}{\Large{\TeX ，\LaTeX の基本書籍}} \\
書名 & 著者 & 価格（税込み）\\
\multicolumn{1}{>{\columncolor[gray]{0.9}}l}{\TeX ブック} & ドナル
ド・E・クヌース　&6,116\\
文書処理システム\LaTeX2e & レスリー・ランポー
ト　& \multicolumn{1}{>{\columncolor[gray]{0.9}}r}{3,150}\\
\end{tabular}
\end{center}
```

■ 出力

TEX，LATEX の基本書籍

書名	著者	価格（税込み）
TEX ブック	ドナルド・E・クヌース	6,116
文書処理システム LATEX2e	レスリー・ランポート	3,150

▌5.12　タブ揃え

罫線やセルの幅指定といった機能はありませんが，複数の文字列をある位置で揃えた簡単な表を tabbing 環境で作成できます。

tabbing 環境の基本的な使い方は次のようになります。

```
要素 1 要素 2 要素 3
  …
```

1 行目でタブ位置を指定します。行頭からの長さで指定すれば良いのですが，より簡単に指定する方法として適当な長さの文字列を含む行を置き，各要素を\=で区切り，最後に\kill 命令を置きます。この行は位置指定だけに使われます。そして次の行から各要素をタブ\>で区切って並べます。

■ 入力

```
\begin{tabbing}
2018/07/07\hspace{10pt} \=23:10\qquad \=59.159\hspace{70pt}
\=jsarticle.cls\qquad \=\kill
更新日 \>更新時刻 \>ファイルサイズ \> ファイル名 \\
2018/07/07 \> 23:10 \> 59,159 \> jsarticle.cls\\
2018/07/07 \> 23:10 \> 61,833 \> jsbook.cls\\
2018/07/07 \> 23:10 \> 6,061 \> jslogo.sty\\
\end{tabbing}
```

▌出力

更新日	更新時刻	ファイルサイズ	ファイル名
2018/07/07	23:10	59,159	jsarticle.cls
2018/07/07	23:10	61,833	jsbook.cls
2018/07/07	23:10	6,061	jslogo.sty

▌5.13　複数ページにわたる表

　tabular 環境では表の途中でページが終わっても，自動的に改ページをしてくれません。
1 ページに収まらない表を作るときには longtable パッケージに含まれる longtable 環
境を使います。longtable 環境を使うには，まずプリアンブルで

　\usepackage{longtable}

と宣言し，表は tabular の代わりに longtable で囲みます。\begin{longtable}行の
次の行から\endhead までに記述された内容が毎ページごとに表のヘッダーとして，そし
て\endfoot 行に書かれた内容が表のフッターとして表示されます。その他の要素指定や
複数セルのまとめかたなどは tabular 環境と同じ記述方法を使います。

▌入力

```
\begin{longtable}{llrll}
\hline\multicolumn{5}{c}{\Large {日本百名山}}\\\hline \textbf {山
名} & \textbf {よ み} & \textbf{標 高} & \textbf{別 名} & \textbf{地
形図}\\\hline \endhead
\hline \endfoot
利尻岳 & りしりだけ & 1721 & 利尻富士 & 鴛泊（南東）\\
羅臼岳 & らうすだけ & 1660 & ラウシ & 知床峠（北東）\\
斜里岳 & しゃりだけ & 1545 & オンネプリ & 斜里岳（南東）\\
阿寒岳 & あかんだけ & 1499 & 雌阿寒岳 & 雌阿寒岳（北西）\\
大雪山 & だいせつざん & 2290 & ヌタクカムウシュペ & 旭岳（北東）\\
トムラウシ & とむらうし & 2141 & & トムラウシ山（南東）\\
・・・・
 \end{longtable}
```

日本百名山

山名	よみ	標高	別名	地形図
利尻岳	りしりだけ	1721	利尻富士	鴛泊（南東）
羅臼岳	らうすだけ	1660	ラウシ	知床峠（北東）
斜里岳	しゃりだけ	1545	オンネプリ	斜里岳（南東）
阿寒岳	あかんだけ	1499	雌阿寒岳	雌阿寒岳（北西）
大雪山	だいせつざん	2290	ヌタクカムウシュペ	旭岳（北東）
トムラウシ	とむらうし	2141		トムラウシ山（南東）
十勝岳	とかちだけ	2077	オプタテシケ	白金温泉 (南西)
幌尻岳	ぽろしりだけ	2052	ポロシリ	幌尻岳 (北西)
後方羊蹄山	しりべしやま	1898	マッカリヌプリ	羊蹄山 (北西)
岩木山	いわきやま	1625	津軽富士	岩木山 (北西)
八甲田山	はっこうださん	1584	大岳	八甲田山 (北西)
八幡平	はちまんたい	1613		八幡平 (南東)
岩手山	いわてさん	2038	岩鷲山	大更 (南西)
早池峰山	はやちねやま	1917	早地峰	早池峰山 (北東)
鳥海山	ちょうかいさん	2236	鳥の海, 出羽富士	鳥海山 (南西)
月山	がっさん	1984	月の山	月山 (北西)
朝日山	あさひさん	1870	大朝日岳	朝日岳 (南西)
蔵王山	ざおうさん	1841	熊野岳	蔵王山 (北東)
飯豊山	いいでさん	2105	飯豊本山	飯豊山 (南東)
吾妻山	あづまやま	2035	西吾妻山	吾妻山 (北西)

日本百名山

山名	よみ	標高	別名	地形図
安達太良山	あだたらやま	1700	乳首山	安達太良山 (南西)
磐梯山	ばんだいさん	1819		磐梯山 (南東)
会津駒ヶ岳	あいづこまがだけ	2133	会津駒	会津駒ヶ岳 (北東)
那須岳	なすだけ	1915	茶臼岳	那須岳 (南東)
魚沼駒ヶ岳	うおぬまこまがだけ	2003	越後駒ヶ岳	八海山 (南東)
平ヶ岳	ひらがだけ	2141		平ヶ岳 (南西)
巻機山	まきはたやま	1967		巻機山 (北東)
燧ヶ岳	ひうちがたけ	2356	爼岵（まないたくら）	燧ヶ岳 (南西)
至仏山	しぶつやま	2228	岳倉山	至仏山 (北西)
谷川岳	たにがわだけ	1977		茂倉岳 (南西)
雨飾山	あまかざりやま	1963		雨飾山 (北東)
苗場山	なえばさん	2145		苗場山 (南東)
妙高山	みょうこうさん	2454	越の中山，越後富士	妙高山 (北東)
火打山	ひうちやま	2462		湯川内 (南東)
高妻山	たかづまやま	2353		高妻山 (北西)
男体山	なんたいさん	2486	日光山，黒髪山	男体山 (南東)
奥白根山	おくしらねざん	2578	日光白根山	男体山 (北西)
皇海山	すかいさん	2144	笄山（こうがい山）	皇海山 (南東)
武尊山	ほたかやま	2158		鎌田 (北西)
赤城山	あかぎやま	1828	黒檜山	赤城山 (北東)
草津白根山	くさつしらねさん	2171	本白根山	上野草津 (南西)
四阿山	あずまやさん	2354		四阿山 (北西)
浅間山	あさまやま	2568		浅間山 (北西)
筑波山	つくばさん	877	男体山・女体山	筑波 (北東)
白馬岳	しろうまだけ	2932	上駒ヶ岳	白馬岳 (南西)
五竜岳	ごりゅうだけ	2814		神城 (北西)
鹿島槍岳	かしまやりがだけ	2889	後立山，背比岳	十字峡 (南東)
剣岳	つるぎだけ	2998		剱岳 (南東)
立山	たてやま	3015	大汝山	立山 (北東)
薬師岳	やくしだけ	2926		薬師岳 (北西)
黒部五郎岳	くろべごろうだけ	2840	中ノ俣岳，鍋岳	三俣蓮華岳 (北西)
黒岳	くろだけ	2986	水晶岳，六方石山	薬師岳 (南東)
鷲羽岳	わしばだけ	2924		三俣蓮華岳 (北東)
槍ヶ岳	やりがだけ	3180		槍ヶ岳 (南西)
穂高岳	ほだかだけ	3190	奥穂高岳	穂高岳 (南西)
常念岳	じょうねんだけ	2857	常念坊	穂高岳 (北東)
笠ヶ岳	かさがだけ	2897	肩ガ岳，迦多賀岳	笠ヶ岳 (北西)
焼岳	やけだけ	2455		焼岳 (北東)
乗鞍岳	のりくらだけ	3026	剣ヶ峰	乗鞍岳 (南西)
御嶽	おんたけ	3067		御嶽山 (北東)
美ヶ原	うつくしがはら	2034	王ヶ頭	山辺 (北東)
霧ヶ峰	きりがみね	1925	車山	霧ヶ峰 (南東)

日本百名山

山名	よみ	標高	別名	地形図
蓼科山	たてしなやま	2530	諏訪富士	蓼科山 (南西)
八ヶ岳	やつがだけ	2899	赤岳	八ヶ岳西部 (北東)
両神山	りょうかみさん	1723	ふたかみやま	両神山 (南東)
雲取山	くもとりやま	2017		雲取山 (南東)
甲武信岳	こぶしだけ	2475		金峰山 (北東)
金峰山	きんぷさん	2599	きんぽうさん	金峰山 (南西)
瑞牆山	みずがきやま	2230		瑞牆山 (北東)
大菩薩岳	だいぼさつだけ	2057	大菩薩嶺 鍋頭山	大菩薩峠 (北東)
丹沢山	たんざわさん	1673	蛭ヶ岳	大山 (北西)
富士山	ふじさん	3776		富士山 (南東)
天城山	あまぎやま	1405	万三郎岳	天城山 (南西)
木曽駒ヶ岳	きそこまがだけ	2956	西駒ヶ岳	木曽駒ヶ岳 (南西)
空木岳	うつぎだけ	2864		空木岳 (北東)
恵那山	えなさん	2191	胞山	中津川 (南東)
甲斐駒ヶ岳	かいこまがだけ	2967	白崩山	甲斐駒ヶ岳 (南東)
仙丈岳	せんじょうだけ	3033		仙丈ヶ岳 (北西)
鳳凰山	ほうおうざん	2840	観音岳	鳳凰山 (南西)
北岳	きただけ	3192	白根山	仙丈ヶ岳 (南東)
間ノ岳	あいのだけ	3189		間ノ岳 (北東)
塩見岳	しおみだけ	3047	東峰	塩見岳 (北西)
悪沢岳	わるさわだけ	3141	荒川岳，東岳	塩見岳 (南西)
赤石岳	あかいしだけ	3120		赤石岳 (北西)
聖岳	ひじりだけ	3013	前聖岳	赤石岳 (南西)
光岳	てかりだけ	2591		光岳 (南東)
白山	はくさん	2702	御前峰	白山 (北西)
荒島岳	あらしまだけ	1523	大野富士，越の黒山	荒島岳 (南東)
伊吹山	いぶきやま	1377		美束 (南西)
大台ヶ原山	おおだいがはらやま	1695	日出ヶ岳	大台ヶ原山 (南東)
大峰山	おおみねさん	1915	八剣山	弥山 (南西)
大山	だいせん	1729	伯耆大山	伯耆大山 (南西)
剣山	つるぎさん	1955	鶴亀山	剣山 (南東)
石鎚山	いしづちやま	1982		石鎚山 (南東)
九重山	くじゅうさん	1791	中岳	湯坪 (南東)
祖母山	そぼさん	1756		祖母山 (北東)
阿蘇山	あそさん	1592	高岳	阿蘇山 (北東)
霧島山	きりしまさん	1700	韓国岳	韓国岳 (南東)
開聞岳	かいもんだけ	924	薩摩富士	開聞岳 (南西)
宮ノ浦岳	みやのうらだけ	1936	屋久島	宮之浦岳 (南西)

第 6 章

数式を記述する

6.1　LATEX は最強の数式記述言語

LATEX は数学者である Knuth 教授が数学書を美しく組版するために自ら開発された組版言語ですから，数式の扱いと出力の美しさについては群を抜いています。他の DTP ソフトや Web サイトなどでも数式の記述には LATEX の書式を採用しているものが少なくありません。また，Illustrator や InDesign などの図版作成ソフト，DTP ソフトに LATEX で作成した数式を PDF などのファイルで張り込むといった使い方もあります。

6.2　数式表現を拡張する $\mathcal{A}_{\mathcal{M}}\mathcal{S}$-LATEX

LATEX は標準でさまざまな数式記述命令，数式用フォント・記号を持っていますが，それをさらに拡張するのが $\mathcal{A}_{\mathcal{M}}\mathcal{S}$-LATEX と AMSFonts です。$\mathcal{A}_{\mathcal{M}}\mathcal{S}$-LATEX はアメリカ数学会（AMS：American Mathmatical Society）が数学論文記述用に特化した LATEX 拡張パッケージで，数式に関する各種コマンドや環境を定義したパッケージファイル amsmath と，AMS の組版ルールに従った文書を作成するためのドキュメントクラス amscls があります。AMSFonts はそのためのフォント群です。

amsmath と AMSFonts を使うにはプリアンブルで

\usepackage{amsmath,amssymb}

と書きます。

ちなみに $\mathcal{A}_{\mathcal{M}}\mathcal{S}$-LATEX と出すには\AmS-\LaTeX と書きます。

6.3　行中数式と別行立て数式

LATEX で数式を記述するためには，ここからここまでが数式である，という宣言をしなければなりません。この範囲を「数式モード」といいます。数式モード中では数字と記号の前後間隔，数式用記号，数式用アルファベットなど，本文中とは異なった数式モード専門の状態に調整されます。

$\sum_{0}^{\infty}a_n$と記述し，$\sum_0^\infty a_n$ のように本文と同じ行の中に表示する行中数式モードと，\[\sum_{0}^{\infty}a_n\] と記述し，

$$\sum_0^\infty a_n$$

のように行を改めて表示する別行立て数式モードの 2 種類があります。どちらも数式そのものを記述する命令は同じですが，上下スペースの関係で表現が多少変わってきます。

行中数式モードは「$」から「$」ではさんだ範囲に数式を記述します。行中数式モードは数式だけでなく，数式用に用意されているさまざまな記号を本文中に出力するといった

使い方もできます。別行立て数式モードは「\[」から「\]」ではさんだ範囲に数式を記述
します。

■ 入力

```
ポテンシャル $V(\mathbf{r},t)$から導かれる力
\[
F(\mathbf{r},t)= - grad V(\mathbf{r},t)
\]
の中で運動する質量$m$の粒子のふるいまいを表す波動関数
$\psi(\mathbf{r},t)$は一般には時間を含むSchr\"{o}dinger 方程式
\[
\left\{- \frac{\hbar ^2}{2m} \nabla ^2 +
V(\mathbf{r},t)\right\}\psi(\mathbf{r},t)=i\hbar \frac{\partial}
{\partial t}\psi(\mathbf{r},t)
\]
の解として与えられる。
```

■ 出力

ポテンシャル $V(\mathbf{r},t)$ から導かれる力

$$F(\mathbf{r},t) = -grad V(\mathbf{r},t)$$

の中で運動する質量 m の粒子のふるいまいを表す波動関数 $\psi(\mathbf{r},t)$ は一般
には時間を含む Schrödinger 方程式

$$\left\{-\frac{\hbar^2}{2m}\nabla^2 + V(\mathbf{r},t)\right\}\psi(\mathbf{r},t) = i\hbar\frac{\partial}{\partial t}\psi(\mathbf{r},t)$$

の解として与えられる。

小出昭一郎『量子力学 (I)』（裳華房）

　別行建て数式では，特に指定しないと数式が行中央揃えになります。本文と同様に左
揃えにしたい場合は，ドキュメントクラスのオプションに fleqn を指定します。左揃
えにしてインデントを付けたい場合，たとえば全角 3 文字空けるにはプリアンブルで
\setlength{\mathindent}{3\zw}と指定します。

ドキュメントクラスのオプションで fleqn を指定すると，文書全体で数式は左寄せに
なります。この時，部分的に中央揃えで数式を書くには

▌入力

```
\begin{align*}
\begin{ceqn}
\left\{- \frac{\hbar ^2}{2m} \nabla ^2 + V(\mathbf{r},t)\right\}
\psi(\mathbf{r},t)=i\hbar \frac{\partial}
   {\partial t}\psi(\mathbf{r},t)
\end{ceqn}
\end{align*}
```

と，ceqn 環境で別行建て数式の範囲指定を行います。ceqn を使うにはプリアンブルで
\usepackage{nccmath}の読み込みが必要です。

▌出力

$$\left\{-\frac{\hbar^2}{2m}\nabla^2 + V(\mathbf{r},t)\right\}\psi(\mathbf{r},t) = i\hbar\frac{\partial}{\partial t}\psi(\mathbf{r},t)$$

▌ 6.4 数式モードで使える文字

数式モードで数字，アルファベット，$+-=()$ などの記号はそのまま記述することがで
きます。

ただしアルファベットなどの欧文書体は通常の本文で使われる書体ではなく，$ABCabc$
と数式モード用の書体になります。イタリックに似ていますが，イタリックそのものでは
ありません。本文書体のイタリック（テキストイタリック）で\textit{if}は *if* と出力
されますが，数式モードでは if となります。

マイナス記号は，通常の文書中では--が「–」(en-dash)，---が「—」(em-dash) に
なりますが，数式モードではマイナス記号を並べて書いた「$--$」，「$---$」となります。

四則演算記号の中で「×」は\times，「÷」は\div と LaTeX の命令で記述します。LaTeX
には数式用のさまざまな記号が用意されています。

数式モードのアルファベットでは，文字間隔の自動調整が行われないので，間延びして
見えることがあります。たとえば\$diff(x)\$と書くと $diff(x)$ のように f と f の間が開い
てしまいます。これを防ぐには\$\mathit{diff}(x)\$と記述すれば $diff(x)$ と，きれいに
出力されます。

▌6.5 数式モードでの空白

数式モードでは自動的にスペースが調整されます。数式のコマンドではないスペースは無視されます。そのため，$y=ax+b$ も $y = ax + b$ も同じ $y = ax + b$ という出力になります。スペースを強制的に指定したい場合は次の命令を使います。

命令	意味	サンプル	出力
\␣	半角スペース 1 個	\$dx\␣dy\$	$dx\ dy$
\quad	全角 1 文字分の空白	\$dx\quad dy\$	$dx\quad dy$
\qquad	全角 2 文字分の空白	\$dx\qquad dy\$	$dx\qquad dy$
\,	3/18 文字分の空白	\$dx\, dy\$	$dx\,dy$
\>	4/18 文字分の空白	\$dx\> dy\$	$dx\>dy$
\;	5/18 文字分の空白	\$dx\; dy\$	$dx\;dy$
\!	−1/6 文字分の空白	\$dx\! dy\$	$dx\!dy$

\! はマイナス 6 分の 1 文字分の空白，つまり間隔を詰めることができます。たとえば二重積分 \int \int f(x, y) dx dy はそのままだと $\int\int f(x,y)dxdy$ と積分記号の間が空きすぎてしまいます。そこで \int \! \int fx(x, y)dx dy と書けば $\int\!\int f(x,y)dxdy$ と空白が狭まり，見た目が良くなります。\int \! \! \! \int と続けて使えば，$\iint$ のようにさらに間隔が狭くなります。

数式モードではアルファベットが数式モード用の，少し斜めの書体となります。これを通常のアルファベットとするには，\textrm か \mathrm で書体を指定します。\mathrm では文字間の空白が無視されるので略語や単位をあらわすには \mathrm を，2 語以上の文では \textrm を使います。なお，\mathrm は場合によってはエラーになってしまうことがあります。その時はプリアンブル，ドキュメントクラスのオプションに disablejfam を追加してください。

\documentclass[b5paper,disablejfam]{jarticle}

のようになります。ただし，このオプションを付けると数式モードの中では日本語がそのまま記述できなくなります。数式モードの中で日本語を使うには \$\text{日本語}\$ のようにします。

■ 入力

鉛蓄電池の充・放電反応は以下のように行われる。

```
\[
\mathrm{PbO}_2 + \mathrm{Pb} + \mathrm{2H}_2\mathrm{SO}_4
\rightleftharpoons 2\mathrm{PbSO}_4 + 2\mathrm{H}_2\mathrm{O}
\]
```

■ 出力

鉛蓄電池の充・放電反応は以下のように行われる。

$$PbO_2 + Pb + 2H_2SO_4 \rightleftharpoons 2PbSO_4 + 2H_2O$$

6.6　分数の書き方

分数は\frac{分子}{分母}と書きます。

■ 入力

```
\[
\frac{d}{dt}(p) = F
\]
```

■ 出力

$$\frac{d}{dt}(p) = F$$

入れ子になった分数は\frac{分子}{分母}を必要に応じて重ねて書きます。

▌入力

```
\[
x=m+\frac{1}{n+\frac{1}{z}}
\]
```

▌出力

$$x = m + \frac{1}{n+\frac{1}{z}}$$

　入れ子にするとどんどん文字が小さいサイズになってしまいます。すべての文字を同じ大きさにするには\displaystyle 命令を併用します。

▌入力

```
\[
x=m+\frac{1}{\displaystyle{n+\frac{1}{z}}}
\]
```

▌出力

$$x = m + \frac{1}{n+\dfrac{1}{z}}$$

　行中数式で分数を書くには$\frac{d}{dt}$として $\frac{d}{dt}$ としても良いのですが, d/dt と書いて d/dt とした方が読みやすくなります。

　amsmath パッケージを使うと, 分数命令\tfrac, \dfrac, \cfrac が追加されます。\tfrac は常にテキストスタイルで, \dfrac は常にディスプレイスタイルで分数を出力します。

■ 入力

```
\[
\text{テキストスタイルの}\tfrac{d}{dt}\text{, ディスプレイスタイルの
}\dfrac{d}{dt}
\]
```

■ 出力

$$\text{テキストスタイルの}\tfrac{d}{dt}, \text{ディスプレイスタイルの}\dfrac{d}{dt}$$

\cfrac は連分数を見栄え良く出力することができます。

■ 入力

```
\[
x=m+\cfrac{1}{n +
\cfrac{1}{o +
\cfrac{1}{p +
\cfrac{1}{z}}}
\]
```

■ 出力

$$x = m + \cfrac{1}{n + \cfrac{1}{o + \cfrac{1}{p + \cfrac{1}{z}}}}$$

■ 6.7 添え字

数式モードでは乗数や配列など，上付き，下付きの添え字を記述することができます。上付き文字は^{文字}，下付き文字は_{文字}と書きます。

■ 入力

```
\[
x=C_{1}e^{\omega t}+C_{2}e^{-\omega t}
\]
```

■ 出力

$$x = C_1 e^{\omega t} + C_2 e^{-\omega t}$$

6.8　ルート記号の書き方

二乗根は\sqrt{式}で記述します。

■ 入力

```
\[
\sqrt{a+b+2\sqrt{ab}}=\sqrt{a}+\sqrt{b}
\]
```

■ 出力

$$\sqrt{a+b+2\sqrt{ab}}=\sqrt{a}+\sqrt{b}$$

三乗根以上のルートは\sqrt[乗数]{式}で記述します。

■ 入力

```
\[
a^{m} = \sqrt[m]{a^{n}} = (\sqrt[m]{a})^{n}
\]
```

■ 出力

$$a^m = \sqrt[m]{a^n} = (\sqrt[m]{a})^n$$

6.9　積分記号の書き方

積分記号は\int で書きます。積分範囲は\int に対する添え字で書きます。

■ 入力

```
\[
\int_{0}^{\infty}f(x)dx
\]
```

■ 出力

$$\int_0^\infty f(x)dx$$

二重積分，三重積分などは\int 命令を続けて書きます■ 入力

```
\[
\int\int_{0}^{\infty}f(x,y)dxdy
\]
```

■ 出力

$$\int\int_0^\infty f(x,y)dxdy$$

　　ただし，そのままだと積分記号の間が空きすぎてしまいます。\int の間に間隔を詰める\!命令を加えれば，間隔を調整できます。\!命令1個で6分の1文字詰まります。

■ 入力

```
\[
\int\!\!\!\!\int_{0}^{\infty}f(x,y)dxdy
\]
```

■ 出力

$$\iint_0^\infty f(x,y)dxdy$$

■ 6.10 数式に番号を付けるには

　数式に番号を付けるには\begin{equation}と\end{equation}で番号付き別行立て数式モードを指定します。さらに\label{式の名前}命令と\ref{式の名前}命令を使えば，数式番号を文章中で呼び出すことができます。

　以前は\eqnarray環境が別行立て数式の命令として使われていましたが，amsmath.styではサポートされておらず，余計な空白が入るなどの問題が出るため，使うべきではないといわれています。

　ソースファイルを初めて LaTeX で処理した時は\ref 命令の部分は「??」となります。もう 1 回 LaTeX で処理すると正しい式番号が埋め込まれます。

■ 入力

```
\begin{equation}
\left\{- \frac{\hbar ^2}{2m} \nabla ^2 + V(\mathbf{r}\right\}
\varphi(\mathbf{r}) = \varepsilon \varphi(\mathbf{r})
\label{shrodinger}
\end{equation}
ここで\ref{shrodinger}式は時間を含まない Schr\"{o}dinger 方程式と呼ばれます。
```

▌ 出力

$$\left\{ -\frac{\hbar^2}{2m}\nabla^2 + V(\mathbf{r}) \right\} \varphi(\mathbf{r}) = \varepsilon\varphi(\mathbf{r}) \qquad (6.1)$$

ここで 6.1 式は時間を含まない Schrödinger 方程式と呼ばれます。

6.11　複数行にわたる数式の書き方

複数行にわたる数式を書くにはいくつかの方法があります.

- gather 環境
- align 環境
- alignat 環境
- aligned 環境
- alinodat 環境
- cases 環境
- gatherd 環境
- multline 環境
- split 環境

6.11.1　gather 環境

改行は\\. 中央揃えで数式を出力します.

▌入力

```
\begin{gather}
\int_{-\infty}^{\infty}g(x)\delta(x-x_0)dx =
\int_{-\infty}^{\infty}g(x)\frac{d}{dx}\eta(x-x_0)dx \\
= \left[g(x)\eta(x-x_0)\right]_{-\infty}^{\infty}-
\int_{-\infty}^{\infty}
\frac{dg}{dx}\eta(x-x_0)dx  \\
= g(\infty)-\int_{x_0}^{\infty}\frac{dg}{dx}dx  \\
= g(\infty)-\left[g(x)\right]_{x_0}^{\infty}  \\
= g(\infty)-g(\infty)+g(x_0) \\
= g(x_0)
\end{gather}
```

▌出力

$$
\int_{-\infty}^{\infty} g(x)\delta(x - x_0)dx = \int_{-\infty}^{\infty} g(x)\frac{d}{dx}\eta(x - x_0)dx \tag{6.2}
$$

$$
= [g(x)\eta(x - x_0)]_{-\infty}^{\infty} - \int_{-\infty}^{\infty} \frac{dg}{dx}\eta(x - x_0)dx \tag{6.3}
$$

$$
= g(\infty) - \int_{x_0}^{\infty} \frac{dg}{dx}dx \tag{6.4}
$$

$$
= g(\infty) - [g(x)]_{x_0}^{\infty} \tag{6.5}
$$

$$
= g(\infty) - g(\infty) + g(x_0) \tag{6.6}
$$

$$
= g(x_0) \tag{6.7}
$$

　gather 環境では改行ごとに自動的に式番号が付きます。途中では番号を付けたくない場合には\nonumber 命令を併用します。

■ 入力

```
\begin{gather}
\int_{-\infty}^{\infty}g(x)\delta(x-x_0)dx =
\int_{-\infty}^{\infty}g(x)\frac{d}{dx}\eta(x-x_0)dx \nonumber\\
= \left[g(x)\eta(x-x_0)\right]_{-\infty}^{\infty}-
\int_{-\infty}^{\infty}
\frac{dg}{dx}\eta(x-x_0)dx \nonumber \\
= g(\infty)-\int_{x_0}^{\infty}\frac{dg}{dx}dx \nonumber \\
= g(\infty)-\left[g(x)\right]_{x_0}^{\infty} \nonumber \\
= g(\infty)-g(\infty)+g(x_0) \nonumber \\
= g(x_0)
\end{gather}
```

■ 出力

$$
\int_{-\infty}^{\infty}g(x)\delta(x-x_0)dx = \int_{-\infty}^{\infty}g(x)\frac{d}{dx}\eta(x-x_0)dx
$$
$$
= [g(x)\eta(x-x_0)]_{-\infty}^{\infty} - \int_{-\infty}^{\infty}\frac{dg}{dx}\eta(x-x_0)dx
$$
$$
= g(\infty) - \int_{x_0}^{\infty}\frac{dg}{dx}dx
$$
$$
= g(\infty) - [g(x)]_{x_0}^{\infty}
$$
$$
= g(\infty) - g(\infty) + g(x_0)
$$
$$
= g(x_0) \tag{6.8}
$$

「gather」の代わりに「gather*」環境を使うと番号が付きません。

■ 入力

```
\begin{gather*}
\int_{-\infty}^{\infty}g(x)\delta(x-x_0)dx =
\int_{-\infty}^{\infty}g(x)\frac{d}{dx}\eta(x-x_0)dx \\
= \left[g(x)\eta(x-x_0)\right]_{-\infty}^{\infty}-
\int_{-\infty}^{\infty}
\frac{dg}{dx}\eta(x-x_0)dx \\
= g(\infty)-\int_{x_0}^{\infty}\frac{dg}{dx}dx\\
= g(\infty)-\left[g(x)\right]_{x_0}^{\infty}\\
= g(\infty)-g(\infty)+g(x_0)\\
= g(x_0)
\end{gather*}
```

■ 出力

$$
\begin{gathered}
\int_{-\infty}^{\infty} g(x)\delta(x - x_0)dx = \int_{-\infty}^{\infty} g(x)\frac{d}{dx}\eta(x - x_0)dx \\
= [g(x)\eta(x - x_0)]_{-\infty}^{\infty} - \int_{-\infty}^{\infty} \frac{dg}{dx}\eta(x - x_0)dx \\
= g(\infty) - \int_{x_0}^{\infty} \frac{dg}{dx}dx \\
= g(\infty) - [g(x)]_{x_0}^{\infty} \\
= g(\infty) - g(\infty) + g(x_0) \\
= g(x_0)
\end{gathered}
$$

6.11.2 align 環境

改行は\\. &で位置を揃えることができます。奇数番目の&は位置を揃え，偶数番目の&はタブの役割を持ちます．

■ 入力

```
 \begin{align}
\int_{-\infty}^{\infty}g(x)\delta(x-x_0)dx &=
\int_{-\infty}^{\infty}g(x)\frac{d}{dx}\eta(x-x_0)dx \nonumber\\
&=
\left[g(x)\eta(x-x_0)\right]_{-\infty}^{\infty}-
\int_{-\infty}^{\infty}
\frac{dg}{dx}\eta(x-x_0)dx \nonumber \\
&= g(\infty)-\int_{x_0}^{\infty}\frac{dg}{dx}dx \nonumber \\
&= g(\infty)-\left[g(x)\right]_{x_0}^{\infty} \nonumber \\
&= g(\infty)-g(\infty)+g(x_0) \nonumber \\
&= g(x_0)
 \end{align}
```

■ 出力

$$
\begin{align}
\int_{-\infty}^{\infty}g(x)\delta(x-x_0)dx &= \int_{-\infty}^{\infty}g(x)\frac{d}{dx}\eta(x-x_0)dx \nonumber\\
&= [g(x)\eta(x-x_0)]_{-\infty}^{\infty}-\int_{-\infty}^{\infty}\frac{dg}{dx}\eta(x-x_0)dx \nonumber \\
&= g(\infty)-\int_{x_0}^{\infty}\frac{dg}{dx}dx \nonumber \\
&= g(\infty)-[g(x)]_{x_0}^{\infty} \nonumber \\
&= g(\infty)-g(\infty)+g(x_0) \nonumber \\
&= g(x_0) \tag{6.9}
\end{align}
$$

6.11.3　cases 環境

　amsmath に含まれています. 改行は\\. 場合分けができます. &は 1 回しか使えません.

▌ 入力

```
\begin{equation}
x^n = \begin{cases}
    1 & \text{ ($n=0$のとき) } \\
    x \cdot x^{n-1} & \text{ （それ以外） }
  \end{cases}
\end{equation}
```

▌ 出力

$$x^n = \begin{cases} 1 & (n = 0 \text{ のとき}) \\ x \cdot x^{n-1} & (\text{それ以外}) \end{cases} \tag{6.10}$$

▌ 6.12　行列の書き方

　行列は\begin{array}{位置指定}と\end{array}環境で書きます。行列要素は&で区切り，行末は\\で改行します。位置指定とはl（左寄せ），c（センター），r（右寄せ）のいずれかです。

　行列の左右にカッコを付けるには，丸カッコならば\left(と\right)とでくくります。縦線ならば\left|と\right|で，カギカッコならば\left[と\right]でくくります。

▌ 入力

```
\[
\left(
\begin{array}{rrr}
a_{11} & a_{12} & a_{13} \\
a_{21} & a_{22} & a_{23} \\
a_{31} & a_{32} & a_{33}
\end{array}
\right)
\]
```

■ 出力

$$
\left(
\begin{array}{rrr}
a_{11} & a_{12} & a_{13} \\
a_{21} & a_{22} & a_{23} \\
a_{31} & a_{32} & a_{33}
\end{array}
\right)
$$

■ 入力

```
\[
\left|
\begin{array}{rrr}
a_{11} & a_{12} & a_{13} \\
a_{21} & a_{22} & a_{23} \\
a_{31} & a_{32} & a_{33}
\end{array}
\end{array}
\right|
\]
```

■ 出力

$$
\left|
\begin{array}{rrr}
a_{11} & a_{12} & a_{13} \\
a_{21} & a_{22} & a_{23} \\
a_{31} & a_{32} & a_{33}
\end{array}
\right|
$$

■ 入力

```
\[
\left[
\begin{array}{rrr}
a_{11} & a_{12} & a_{13} \\
a_{21} & a_{22} & a_{23} \\
a_{31} & a_{32} & a_{33}
\end{array}
\right]
\]
```

■ 出力

$$
\left[
\begin{array}{rrr}
a_{11} & a_{12} & a_{13} \\
a_{21} & a_{22} & a_{23} \\
a_{31} & a_{32} & a_{33}
\end{array}
\right]
$$

カッコの形状は左右で同じにする必要はありませんが，カッコで始まったら必ずカッコで閉じなければなりません。

■ 入力

```
\[
\left(
\begin{array}{rrr}
a_{11} & a_{12} & a_{13} \\
a_{21} & a_{22} & a_{23} \\
a_{31} & a_{32} & a_{33}
\end{array}
\right|
\]
```

■ 出力

$$
\left(
\begin{array}{rrr|}
a_{11} & a_{12} & a_{13} \\
a_{21} & a_{22} & a_{23} \\
a_{31} & a_{32} & a_{33}
\end{array}
\right.
$$

左右どちらかにカッコを付けないのであれば「.」で閉じてやります。

■ 入力

```
\[
\left(
\begin{array}{rrr}
a_{11} & a_{12} & a_{13} \\
a_{21} & a_{22} & a_{23} \\
a_{31} & a_{32} & a_{33}
\end{array}
\right.
\]
```

■ 出力

$$
\left(
\begin{array}{rrr}
a_{11} & a_{12} & a_{13} \\
a_{21} & a_{22} & a_{23} \\
a_{31} & a_{32} & a_{33}
\end{array}
\right.
$$

6.13   行列中の縦横線

行列の中に縦線, 横線を引くことができます。位置指定オプションに|を記述すればその列に縦線が入ります。行末に\hline 命令を記述すると, その行の下に横線が引かれます。

■ 入力

```
\[
\left(
\begin{array}{c|cc}
a_{11} & a_{12} & a_{13} \\ \hline
a_{21} & a_{22} & a_{23} \\
a_{31} & a_{32} & a_{33}
\end{array}
\right)
\]
```

■ 出力

$$\left(\begin{array}{c|cc} a_{11} & a_{12} & a_{13} \\ \hline a_{21} & a_{22} & a_{23} \\ a_{31} & a_{32} & a_{33} \end{array}\right)$$

6.14 行列要素の省略

行列要素を省略し，点線を引くことができます。省略したい行列要素のところに\[方向指定]dots 命令を記述します。方向指定は l（水平），v（垂直），d（斜め）となります。

■ 入力

```
\[
\left(
\begin{array}{ccc}
a_{11} & a_{12} & a_{13} \\
a_{21} & \ddots & \vdots \\
a_{31} & \ldots & a_{33}
\end{array}
\right)
\]
```

■ 出力

$$
\left(
\begin{array}{ccc}
a_{11} & a_{12} & a_{13} \\
a_{21} & \ddots & \vdots \\
a_{31} & \ldots & a_{33}
\end{array}
\right)
$$

6.15　amsmath による行列

amsmath パッケージを使うと，次の行列を書くことができます。

■ 入力

```
\[
\begin{matrix}
a_{11} & a_{12} \\
a_{21} & a_{22}
\end{matrix}
\]
```

■ 出力

$$
\begin{matrix}
a_{11} & a_{12} \\
a_{21} & a_{22}
\end{matrix}
$$

■ 入力

```
\[
\begin{pmatrix}
a_{11} & a_{12} \\
a_{21} & a_{22}
\end{pmatrix}
\]
```

■ 出力

$$
\begin{pmatrix}
a_{11} & a_{12} \\
a_{21} & a_{22}
\end{pmatrix}
$$

■ 入力

```
\[
\begin{bmatrix}
a_{11} & a_{12} \\
a_{21} & a_{22}
\end{bmatrix}
\]
```

■ 出力

$$
\begin{bmatrix}
a_{11} & a_{12} \\
a_{21} & a_{22}
\end{bmatrix}
$$

■ 入力

```
\[
\begin{Bmatrix}
a_{11} & a_{12} \\
a_{21} & a_{22}
\end{Bmatrix}
\]
```

■ 出力

$$\begin{Bmatrix} a_{11} & a_{12} \\ a_{21} & a_{22} \end{Bmatrix}$$

■ 入力

```
\[
\begin{vmatrix}
a_{11} & a_{12} \\
a_{21} & a_{22}
\end{vmatrix}
\]
```

■ 出力

$$\begin{vmatrix} a_{11} & a_{12} \\ a_{21} & a_{22} \end{vmatrix}$$

■ 入力

```
\[
\begin{Vmatrix}
a_{11} & a_{12} \\
a_{21} & a_{22}
\end{Vmatrix}
\]
```

■ 出力

$$\begin{Vmatrix} a_{11} & a_{12} \\ a_{21} & a_{22} \end{Vmatrix}$$

6.16　ギリシア文字

数式モードの中ではギリシア文字を使うことができます。

命令	出力	命令	出力	命令	出力	命令	出力
\alpha	α	\eta	η	\nu	ν	\tau	τ
\beta	β	\theta	θ	\xi	ξ	\upsilon	υ
\gamma	γ	\iota	ι	o	o	\phi	ϕ
\delta	δ	\kappa	κ	\pi	π	\chi	χ
\epsilon	ϵ	\lambda	λ	\rho	ρ	\psi	ψ
\zeta	ζ	\mu	μ	\sigma	σ	\omega	ω

6.16.1　ギリシア小文字異書体

いくつかのギリシア小文字には異なる書体が用意されています。

命令	出力	命令	出力	命令	出力
\varepsilon	ε	\varpi	ϖ	\varsigma	ς
\vartheta	ϑ	\varrho	ϱ	\varphi	φ

6.16.2　ギリシア大文字

　ギリシア大文字は以下の 11 個が用意されています。これ以外のギリシア大文字は英語の大文字と同じ形なので用意されていません。

命令	出力	命令	出力	命令	出力
\Gamma	Γ	\Xi	Ξ	\Psi	Ψ
\Delta	Δ	\Pi	Π	\Omega	Ω
\Theta	Θ	\Sigma	Σ		
\Lambda	Λ	\Phi	Φ		

6.17　筆記体・髭文字・黒板太文字

　数式モードでは\mathcal 命令で大文字の筆記体を使うことができます。小文字は記号になってしまいます。

命令	出力	命令	出力	命令	出力
$\mathcal{A}	$\mathcal$	$\mathcal{B}$	$\mathcal{B}$	$\mathcal{C}$	$\mathcal{C}$
$\mathcal{D}	$\mathcal{D}$	$\mathcal{E}$	$\mathcal{E}$	$\mathcal{F}$	$\mathcal{F}$
$\mathcal{G}	$\mathcal{G}$	$\mathcal{H}$	$\mathcal{H}$	$\mathcal{I}$	$\mathcal{I}$
$\mathcal{J}	$\mathcal{J}$	$\mathcal{K}$	$\mathcal{K}$	$\mathcal{L}$	$\mathcal{L}$
$\mathcal{M}	$\mathcal{M}$	$\mathcal{N}$	$\mathcal{N}$	$\mathcal{O}$	$\mathcal{O}$
$\mathcal{P}	$\mathcal{P}$	$\mathcal{Q}$	$\mathcal{Q}$	$\mathcal{R}$	$\mathcal{R}$
$\mathcal{S}	$\mathcal{S}$	$\mathcal{T}$	$\mathcal{T}$	$\mathcal{U}$	$\mathcal{U}$
$\mathcal{V}	$\mathcal{V}$	$\mathcal{W}$	$\mathcal{W}$	$\mathcal{X}$	$\mathcal{X}$
$\mathcal{Y}	$\mathcal{Y}$	$\mathcal{Z}$	$\mathcal{Z}$		

　AMSFonts を使うとドイツ語の髭文字，黒板太文字が出力できます。
　髭文字です。

命令	出力	命令	出力	命令	出力
$\mathfrak{a}	$\mathfrak{a}$	$\mathfrak{b}$	$\mathfrak{b}$	$\mathfrak{c}$	$\mathfrak{c}$
$\mathfrak{d}	$\mathfrak{d}$	$\mathfrak{e}$	$\mathfrak{e}$	$\mathfrak{f}$	$\mathfrak{f}$
$\mathfrak{g}	$\mathfrak{g}$	$\mathfrak{h}$	$\mathfrak{h}$	$\mathfrak{i}$	$\mathfrak{i}$
$\mathfrak{j}	$\mathfrak{j}$	$\mathfrak{k}$	$\mathfrak{k}$	$\mathfrak{l}$	$\mathfrak{l}$
$\mathfrak{m}	$\mathfrak{m}$	$\mathfrak{n}$	$\mathfrak{n}$	$\mathfrak{o}$	$\mathfrak{o}$

命令	出力	命令	出力	命令	出力
$\mathfrak{p}$	p	$\mathfrak{q}$	q	$\mathfrak{r}$	r
$\mathfrak{s}$	ſ	$\mathfrak{t}$	t	$\mathfrak{u}$	u
$\mathfrak{v}$	v	$\mathfrak{w}$	w	$\mathfrak{x}$	x
$\mathfrak{y}$	y	$\mathfrak{z}$	z		

命令	出力	命令	出力	命令	出力
$\mathfrak{A}$	𝔄	$\mathfrak{B}$	𝔅	$\mathfrak{C}$	ℭ
$\mathfrak{D}$	𝔇	$\mathfrak{E}$	𝔈	$\mathfrak{F}$	𝔉
$\mathfrak{G}$	𝔊	$\mathfrak{H}$	ℌ	$\mathfrak{I}$	ℑ
$\mathfrak{J}$	𝔍	$\mathfrak{K}$	𝔎	$\mathfrak{L}$	𝔏
$\mathfrak{M}$	𝔐	$\mathfrak{N}$	𝔑	$\mathfrak{O}$	𝔒
$\mathfrak{P}$	𝔓	$\mathfrak{Q}$	𝔔	$\mathfrak{R}$	ℜ
$\mathfrak{S}$	𝔖	$\mathfrak{T}$	𝔗	$\mathfrak{U}$	𝔘
$\mathfrak{V}$	𝔙	$\mathfrak{W}$	𝔚	$\mathfrak{X}$	𝔛
$\mathfrak{Y}$	𝔜	$\mathfrak{Z}$	ℨ		

黒板太文字です。

命令	出力	命令	出力	命令	出力
$\mathbb{A}$	𝔸	$\mathbb{B}$	𝔹	$\mathbb{C}$	ℂ
$\mathbb{D}$	𝔻	$\mathbb{E}$	𝔼	$\mathbb{F}$	𝔽
$\mathbb{G}$	𝔾	$\mathbb{H}$	ℍ	$\mathbb{I}$	𝕀
$\mathbb{J}$	𝕁	$\mathbb{K}$	𝕂	$\mathbb{L}$	𝕃
$\mathbb{M}$	𝕄	$\mathbb{N}$	ℕ	$\mathbb{O}$	𝕆
$\mathbb{P}$	ℙ	$\mathbb{Q}$	ℚ	$\mathbb{R}$	ℝ
$\mathbb{S}$	𝕊	$\mathbb{T}$	𝕋	$\mathbb{U}$	𝕌
$\mathbb{V}$	𝕍	$\mathbb{W}$	𝕎	$\mathbb{X}$	𝕏
$\mathbb{Y}$	𝕐	$\mathbb{Z}$	ℤ		

6.18 さまざまな数学記号

　数式モードで使う数学記号としては関数演算子，2項演算子，関係子，特殊記号などが用意されています。

6.18.1　関数演算子

命令	出力	命令	出力	命令	出力	命令	出力
`\arccos`	arccos	`\deg`	deg	`\lim`	lim	`\sec`	sec
`\arcsin`	arcsin	`\det`	det	`\liminf`	lim inf	`\sin`	sin
`\arctan`	arctan	`\dim`	dim	`\limsup`	lim sup	`\sinh`	sinh
`\arg`	arg	`\exp`	exp	`\ln`	ln	`\sup`	sup
`\cos`	cos	`\gcd`	gcd	`\log`	log	`\tan`	tan
`\cosh`	cosh	`\hom`	hom	`\max`	max	`\tanh`	tanh
`\cot`	cot	`\inf`	inf	`\min`	min		
`\coth`	coth	`\ker`	ker	`\bmod`	mod		
`\csc`	csc	`\lg`	lg	`\Pr`	Pr		

6.18.2　2 項演算子

命令	出力	命令	出力	命令	出力
`\pm`	$\pm$	`\uplus`	$\uplus$	`\triangleright`	$\triangleright$
`\mp`	$\mp$	`\sqcap`	$\sqcap$	`\oplus`	$\oplus$
`\times`	$\times$	`\sqcup`	$\sqcup$	`\ominus`	$\ominus$
`\div`	$\div$	`\vee`	$\vee$	`\otimes`	$\otimes$
`\ast`	$\ast$	`\wedge`	$\wedge$	`\oslash`	$\oslash$
`\star`	$\star$	`\setminus`	$\setminus$	`\odot`	$\odot$
`\circ`	$\circ$	`\wr`	$\wr$	`\bigcirc`	$\bigcirc$
`\bullet`	$\bullet$	`\diamond`	$\diamond$	`\dagger`	$\dagger$
`\cdot`	$\cdot$	`\bigtriangleup`	$\bigtriangleup$	`\ddagger`	$\ddagger$
`\cap`	$\cap$	`\bigtriangledown`	$\bigtriangledown$	`\amalg`	$\amalg$
`\cup`	$\cup$	`\triangleleft`	$\triangleleft$		

AMSFonts を使うと，標準の 2 項演算子に加えて次の 2 項演算子を出力できます。

命令	出力	命令	出力	命令	出力
`\boxdot`	$\boxdot$	`\Cap`	$\Cap$	`\circleddash`	$\circleddash$
`\boxplus`	$\boxplus$	`\curlywedge`	$\curlywedge$	`\divideontimes`	$\divideontimes$
`\boxtimes`	$\boxtimes$	`\curlyvee`	$\curlyvee$	`\lessdot`	$\lessdot$
`\centerdot`	$\centerdot$	`\leftthreetimes`	$\leftthreetimes$	`\gtrdot`	$\gtrdot$

\boxminus	⊟	\rightthreetimes	⋌	\ltimes	⋉
\veebar	⊻	\dotplus	∔	\rtimes	⋊
\barwedge	⊼	\intercal	⊺	\smallsetminus	∖
\doublebarwedge	⩞	\circledcirc	⊚		
\Cup	⋓	\circledast	⊛		

6.18.3 関係演算子

関係演算子は以下のものが用意されています。

命令	出力	命令	出力	命令	出力
\le	≤	\geq	≥	\simeq	≃
\leq	≤	\succ	≻	\asymp	≍
\prec	≺	\succeq	⪰	\approx	≈
\preceq	⪯	\gg	≫	\cong	≅
\ll	≪	\supset	⊃	\neq	≠
\subset	⊂	\supseteq	⊇	\doteq	≐
\subseteq	⊆	\frown	⌢	\propto	∝
\sqsubseteq	⊑	\sqsupseteq	⊒	\models	⊨
\vdash	⊢	\dashv	⊣	\perp	⊥
\smile	⌣	\ni	∋	\mid	∣
\in	∈	\equiv	≡	\parallel	∥
\notin	∉	\sim	∼	\bowtie	⋈
\ge	≥				

AMSFonts の関係演算子です。

命令	出力	命令	出力
\because	∵	\lessgtr	≶
\curlyeqsucc	⋟	\therefore	∴
\gtrless	≷	\succcurlyeq	≽
\risingdotseq	≓	\lesseqgtr	⋚
\succsim	≿	\fallingdotseq	≒
\gtreqless	⋛	\succapprox	⪸
\doteqdot	≑	\lesseqqgtr	⪋
\vartriangleright	▷	\bumpeq	≏

命令	出力	命令	出力
\gtreqqless	⋛	\vartriangleleft	◁
\Bumpeq	≎	\subseteqq	⊆
\trianglerighteq	⊵	\circeq	≗
\supseteqq	⊇	\trianglelefteq	⊴
\eqcirc	≖	\Subset	⋐
\blacktriangleright	▶	\triangleq	≜
\Supset	⋑	\blacktriangleleft	◀
\leqq	≦	\thicksim	∼
\vartriangle	△	\leqslant	⩽
\eqsim	≂	\Vdash	⊩
\eqslantless	⪕	\backsim	∽
\Vvdash	⊪	\lesssim	≲
\backsimeq	⋍	\vDash	⊨
\lessapprox	⪅	\thickapprox	≈
\pitchfork	⋔	\lll	⋘
\approxeq	≊	\between	≬
\geqq	≧	\smallsmile	⌣
\varpropto	∝	\geqslant	⩾
\smallfrown	⌢	\shortmid	∣
\eqslantgtr	⪖	\curlyeqprec	⋞
\shortparallel	∥	\gtrsim	≳
\preccurlyeq	≼	\backepsilon	϶
\gtrapprox	⪆	\precsim	≾
\multimap	⊸	\ggg	⋙
\precapprox	⪷		

　∉ のようにあらかじめ否定記号が用意されているものは別として，否定の意味をもたせるにはその記号の前に\not を付けてやります。

　たとえば，$\not\equiv$と記述すれば ≢ と出力されます。

　AMSFonts では否定付き関係演算子が用意されています。

命令	出力	命令	出力	命令	出力
\nless	≮	\nsubseteq	⊈	\nprec	⊀
\nleq	≰	\varsubsetneq	⊊	\npreceq	⋠
\lneq	≨	\subsetneq	⊊	\precneqq	⪵

命令	出力	命令	出力	命令	出力
\nleqslant	⩽̸	\nsubseteqq	⊈	\precnsim	⋨
\nleqq	≦̸	\varsubsetneqq	⊊	\precnapprox	⪹
\lneqq	⪇	\subsetneqq	⊊	\nsucc	⊁
\lvertneqq	⪇	\nsupseteq	⊉	\nsucceq	⋡
\lnsim	⋦	\supsetneq	⊋	\succneqq	⪺
\lnapprox	⪉	\varsupsetneq	⊋	\succnsim	⋩
\ngtr	≯	\nsupseteqq	⊉	\succnapprox	⪺
\ngeq	≱	\supsetneqq	⊋	\ntriangleleft	⋪
\gneq	⪈	\varsupsetneqq	⊋	\ntrianglelefteq	⋬
\ngeqslant	⩾̸	\nsim	≁	\ntriangleright	⋫
\ngeqq	≧̸	\ncong	≇	\ntrianglerighteq	⋭
\gneqq	⪈	\nmid	∤	\nvdash	⊬
\gvertrneqq	⪈	\nshortmid	∤	\nVdash	⊮
\gnism	⋧	\nparallel	∦	\nvDash	⊭
\gnapprox	⪊	\nshortparallel	∦	\nVDash	⊯

6.18.4 大小のある数学記号

いくつかの記号については，行中で使用する場合と別行立てにした場合とで大きさ，形，添え字の付き方が異なってきます。

命令	行中	別行	命令	行中	別行	命令	行中	別行
\sum	$\sum$	$\sum$	\bibsqcup	$\sqcup$	$\sqcup$	\bigodot	$\odot$	$\odot$
\prod	$\prod$	$\prod$	\bibcup	$\cup$	$\cup$	\bigotimes	$\otimes$	$\otimes$
\coprod	$\coprod$	$\coprod$	\bibcup	$\cup$	$\cup$	\bigoplus	$\oplus$	$\oplus$
\int	$\int$	$\int$	\bibwedge	$\wedge$	$\wedge$	\biguplu	$\uplus$	$\uplus$
\oint	$\oint$	$\oint$	\bibvee	$\vee$	$\vee$			

添え字のつき方も行中と別行立てとでは異なってきます。

`$\sum_0^{\infty} a_n$`と行中で記述した場合は $\sum_0^\infty a_n$ となりますが,

```
\[
\sum_0^{\infty} a_n
]
```

と別行立てにした場合は

$$\sum_0^\infty a_n$$

となります。

　行中でも添え字を記号の上下に置きたい場合は,記号の後ろに`\limits`命令を使います。たとえば`$\sum\limits_0^{\infty} a_n$`と記述すれば出力結果は $\sum\limits_0^\infty a_n$ となります

6.18.5　積分記号

AMSFonts で用意されている積分記号は以下のとおりです。

命令	出力	命令	出力	命令	出力	命令	出力
`\iint`	$\iint$	`\iiint`	$\iiint$	`\iiiint`	$\iiiint$	`\idotsint`	$\int\cdots\int$

6.18.6　矢印

矢印類は以下のものが用意されています。

命令	出力	命令	出力
`\gets`	$\leftarrow$	`\rightleftharpoons`	$\rightleftharpoons$
`\leftarrow`	$\leftarrow$	`\uparrow`	$\uparrow$
`\to`	$\rightarrow$	`\downarrow`	$\downarrow$
`\rightarrow`	$\rightarrow$	`\updownarrow`	$\updownarrow$
`\leftrightarrow`	$\leftrightarrow$	`\searrow`	$\searrow$
`\mapsto`	$\mapsto$	`\swarrow`	$\swarrow$
`\hookleftarrow`	$\hookleftarrow$	`\nearrow`	$\nearrow$
`\hookrightarrow`	$\hookrightarrow$	`\nwarrow`	$\nwarrow$
`\leftharpoonup`	$\leftharpoonup$	`\longleftarrow`	$\longleftarrow$
`\rightharpoonup`	$\rightharpoonup$	`\longrightarrow`	$\longrightarrow$

命令	出力	命令	出力
\leftharpoondown	↽	\longleftrightarrow	⟷
\rightharpoonup	⇀	\Leftarrow	⇐
\longmapsto	⟼	\Leftrightarrow	⇔
\Rightarrow	⇒	\Longrightarrow	⟹
\Longleftarrow	⟸	\iff	⟺
\Longleftrightarrow	⟺	\Downarrow	⇓
\Uparrow	⇑		
\Updownarrow	⇕		

AMSFonts の矢印記号です。

命令	出力	命令	出力
\twoheadrightarrow	↠	\Rrightarrow	⇛
\rightsquigarrow	⇝	\twoheadleftarrow	↞
\Lleftarrow	⇚	\leftrightsquigarrow	↭
\rightarrowtail	↣	\leftrightharpoons	⇋
\looparrowright	↬	\leftarrowtail	↢
\upharpoonright	↾	\looparrowleft	↫
\rightrightarrows	⇉	\restriction	↾
\curvearrowright	↷	\rightleftarrows	⇄
\upharpoonleft	↿	\curvearrowleft	↶
\leftrightarrows	⇆	\downharpoonright	⇂
\circlearrowright	↻	\leftleftarrows	⇇
\downharpoonleft	⇃	\circlearrowleft	↺
\upuparrows	⇈	\Rsh	↱
\downdownarrows	⇊	\Lsh	↰

AMSFonts に用意されている否定記号付き矢印です。

命令	出力	命令	出力
\nrightarrow	↛	\nRightarrow	⇏
\nleftrightarrow	↮	\nleftarrow	↚
\nLeftarrow	⇍	\nLeftrightarrow	⇎

6.18.7 特殊記号

特殊記号は以下のものが用意されています。

命令	出力	命令	出力	命令	出力
\aleph	$\aleph$	\nabla	∇	\flat	$\flat$
\hbar	$\hbar$	\surd	$\surd$	\natural	$\natural$
\imath	$\imath$	\l	$\l$	\sharp	$\sharp$
\jmath	$\jmath$	\top	$\top$	\clubsuit	♣
\ell	ℓ	\bot	$\bot$	\diamondsuit	♢
\wp	$\wp$	\angle	$\angle$	\heartsuit	♡
\Re	$\Re$	\triangle	$\triangle$	\spadesuit	♠
\Im	$\Im$	\forall	$\forall$	\ldots	$\ldots$
\partial	∂	\exists	$\exists$	\cdots	$\cdots$
\infty	∞	\neg	$\neg$	\vdots	$\vdots$
\prime	$\prime$	\backslash	$\backslash$	\ddots	$\ddots$
\emptyset	$\emptyset$				

6.18.8 数式アクセント

数式モード中では専用のアクセント命令を使わないとアクセントを付けることができません。

命令	出力	命令	出力	命令	出力
\hat{a}	$\hat{a}$	\grave{a}	$\grave{a}$	\dot{a}	$\dot{a}$
\check{a}	$\check{a}$	\tilde{a}	$\tilde{a}$	\ddot{a}	$\ddot{a}$
\breve{a}	$\breve{a}$	\bar{a}	$\bar{a}$		
\acute{a}	$\acute{a}$	\vec{a}	$\vec{a}$		

6.18.9 上下の線やカッコ

数式の上下に線やカッコを付ける命令は以下のものが用意されています。

命令	出力	命令	出力
\overline{x+y}	$\overline{x+y}$	\overbrace{x+y}	$\overbrace{x+y}$
\underline{x+y}	$\underline{x+y}$	\underbrace{x+y}	$\underbrace{x+y}$
\widehat{x+y}	$\widehat{x+y}$	\overrightarrow{x+y}	$\overrightarrow{x+y}$
\widetilde{x+y}	$\widetilde{x+y}$	\overleftarrow{x+y}	$\overleftarrow{x+y}$

AMSFonts で用意されている上下線です。

命令	出力
\underrightarrow{x+y}	$\underrightarrow{x+y}$
\underleftarrow{x+y}	$\underleftarrow{x+y}$
\overleftrightarrow{x+y}	$\overleftrightarrow{x+y}$
\underleftrightarrow{x+y}	$\underleftrightarrow{x+y}$

\overbrace 命令, \underbrace 命令には中央に添字を付けることができます。

▌入力

```
\[
\overbrace{a+b+ \underbrace {c+ \cdots + z}_{24}}^{26}
\]
```

▌出力

$$\overbrace{a+b+\underbrace{c+\cdots+z}_{24}}^{26}$$

第7章

図や画像を扱う

7.1　画像を挿入するには

　写真，グラフ，イラストなど LaTeX で扱うことのできる画像ファイルは EPS，JPG，PDF，PNG などです。正確にいえば，LaTeX が扱える画像ファイルの形式に制限があるのではなく，出力ソフト（DVI ドライバ）によって対応している画像ファイルが異なります。

　LaTeX では文字を箱として並べてレイアウトしますが，画像についても同様です。画像を箱として扱い，その大きさ，位置，回転などとのレイアウトを決めます。その枠に入っている画像がどのように表示されるかは dvi ウェア次第です。

7.2　ビットマップとベクター

　デジタル画像データは大きく分けて 2 種類あります。ビットマップ画像とベクター画像です。ビットマップ画像は，画を点の集まりで記録します。ラスターイメージ，ラスターデータと呼ばれることもあります。デジタルカメラの画像がその典型的な例であり，縦横の格子状に分けられた区画に色と色の濃度を使って数値として記録します。格子を細かくする，つまり画素を上げることで画像はなだらかになります。色の数と濃度の幅をあげることで階調が豊かになります。現在の一般的なデジカメ画像は 1000 万画素以上，RGB（赤・緑・青）の 3 色，各色ごとに 256 段階の濃度を持つことで，ほぼ写真に近いフルカラー表示が可能となっています。

　ビットマップ画像の欠点は，拡大すると品質が落ちることです。特に文字や図形など輪郭のはっきりした画像をビットマップ形式で扱うと，拡大した時に縁の線がぎざぎざ・ガタガタになってしまいます。

　ベクター画像は図形を線の座標，曲がり方，太さ，色などで数値化して持ちます。写真のように複雑な画像を扱うことは困難ですが，文字（フォント），図形，ロゴなどをベクター画像として保存すれば，拡大・縮小，回転などが劣化無しで自由にできます。

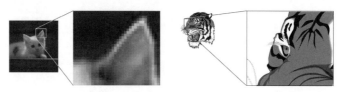

図 7.1: ビットマップ画像とベクター画像をともに 800 ％拡大したところ

7.3 RGB と CMYK

　三原色という言葉を聞いたことがあると思います。人間が認識できるすべての色は3つの色を混ぜることで再現できるという，その基の色ですが，これには2種類あります。光の三原色は赤・緑・青の3色で，全部同じ強さで重ねると白になります。色の三原色はシアン・マゼンタ・イエローの3色で，全部同じ量を混ぜると黒になります。光の三原色はRed（赤）・Green（緑）・Blue（青）の頭文字からRGBといいます。色の三原色はCyan（シアン）・Magenta（マゼンタ）・Yellow（黄色）の頭文字をとってCMYといいます。ただ，実際には3色を混ぜても濃い黒にするのは難しいため，CMYにKeyplate（黒）を加えCMYKとします。RGBを加法混合，CMYを減法混合とも呼びます。

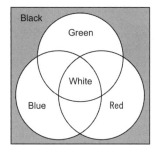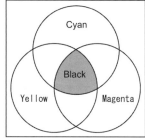

図 7.2: RGB と CMY

　コンピューターのディスプレイは光を重ね合わせて色を作っているのでRGB，プリンターや印刷機はインクを重ねるのでCMYKです。Webサイトはディスプレイ上で見るのがデフォルトのため，RGB画像を使います。HTMLで色を指定するときに<font color="#6633ff">のように書きますが，これは青紫色です。CMYKで同じ色を指定するとC:81％ M:76％ Y:0％ K:0％となります。RGBでは各色を00からffまで，16進数で表記します。10進数では0から255までの256段階になります。フルカラーは$256 \times 256 \times 256 \times = 16,777,216$色となります。CMYKは各色を0から100までのパーセントで指定します。

　ディスプレイではRGBで表示し，プリンターではCMYKで印刷するので，発色の違いが出ます。ディスプレイ上で色を厳密に調節したつもりなのに印刷すると違ってしまうという現象がおきるわけです。デザイナーやフォトグラファーは厳密に色調整を行ったディスプレイを使い，印刷仕上がりを想定しながら色調整を行います。しかし，家庭用のプリンターで印刷する用途に限定すればユーザーがRGBとCMYKの違いを意識する必要はほとんどないでしょう。一般用のカラープリンターはRGBをCMYKに自動変換する機能を持っているからです。

　ところが印刷会社にデータを持ち込んでオフセット印刷機で印刷する場合には，RGB

画像は使用不可です。CMYK にしておかないとトラブルが生じます。オフセット印刷機には自動的に RGB を CMYK に変換する機能などはありません。RGB の画像データが含まれていると印刷会社にデータを持ち込んだ時点で突き返されたり，修正することになります。お金と時間が余計にかかることもあります。LATEX でタイプセットする前，EPS や JPG ファイルの段階で CMYK に直しておきましょう。

7.3.1　モノクロ画像

　白黒の画像にも 2 種類あります。モノクロ 2 値というのは白と黒だけで中間がありません。白地に黒い文字や線画のような画像です。このモノクロ 2 値に中間値，つまりグレーを加えたものがグレースケールといいます。モノクロ写真や網がけなどが相当します。オフセット印刷では，1 色刷りとか墨一色という一番安価な料金設定でもグレースケールには対応しています。注意しなければならないのが，一見モノクロに見えるけれど実は RGB という画像ファイルです。これはトラブルになります。

7.3.2　4 色ベタとリッチブラック

　カラー印刷の場合，CMYK で黒が C:100 ％ M:100 ％ Y:100 ％ K:100 ％のように各色が 100 ％となっていることがあります。これを 4 色ベタといい，インクの乾きが遅くなり，紙どうしがくっついてしまうなどトラブルの原因となるので，印刷会社では断られる原因となります。深みのある黒を表現するには，リッチブラックといって C:40 ％ M:40 ％ Y:40 ％ K:100 ％と CMY を少しずつ乗せる方法がありますが，素人は使わない方がいいでしょう。

　モノクロ印刷では黒以外の色，つまり CMY が入っていると黒が網かけになったりするので，C:0 ％ M:0 ％ Y:0 ％ K:100 ％と指定する必要があります。

▌7.4　画像ファイルフォーマットの特徴

　LATEX でよく使われる画像ファイルの形式と，その特徴は次のとおりです。

PS：　（PostScript）拡張子は ps。アドビシステムズが開発した，グラフィック機能を備えたプログラミング言語です。現在の LATEX では処理に時間がかかるため，ほとんど使われていません。

EPS：　（Encapsulated PostScript）拡張子は eps。バウンディングボックスやプレビュー画像などの他のメディアに埋め込む際に必要な情報を補った画像ファイルフォーマットです。かつては LATEX でも広く使われてきましたが，処理に時間がかかることなどから現在では推奨されていません。

PDF：　（Portable Document Format）拡張子は pdf。PostScript 言語をベースに，ア

ドビシステムズが開発した電子文書ファイルフォーマットです。インターネット上での文書ファイルの配布に広く使われています。RGB，グレースケール，CMYKに対応しています。LATEX では現在，EPS，PS よりも PDF の使用が推奨されています。

JPG： （Joint Photographic Experts Group）拡張子は jpg/jpeg。写真や画像などのビットマップデータを非可逆圧縮して保存する方式の一つです。モノクロ 2 階調から 24bit フルカラーまで，グレースケールと RGB，CMYK をサポートしています。LATEX でも写真は JPG ファイルが標準です。

PNG： （Portable Network Graphics）拡張子は png。ビットマップデータを扱う方式の一つです。圧縮による画質の劣化がない可逆圧縮方式を採用しています。グレースケールと最大 48bitRGB フルカラー（約 280 兆色）をサポートしています。LATEX でスクリーンショットやイラストなど写真以外のラスター画像は PNG で扱うのがお勧めです。

SVG： （Scalable Vector Graphics）拡張子は SVG。Web 標準化を推進する W3C（World Wide Web Consortium）が開発しているベクターイメージ画像のデータフォーマットです。点の座標とそれを結ぶ線などの数値データをもとにして記述します。拡大してもジャギー（ギザギザ）が出ず，ロゴやマークなどを表示するのに適しています。Web 上では回転やアニメーションも可能です。

　手元のプリンターで印刷するとか PDF に出力して Web で配布する，プロジェクターで投影してプレゼンテーションする，といった用途であればどの画像を使っても問題ありません。印刷会社で印刷することが前提であれば CMYK の PDF，JPG，PNG を使うべきでしょう。

▌7.5　写真データの解像度

　通常，デジカメなどでは解像度や画素数で表しますが，印刷では 1 インチ（24.5mm）の幅に入る線の本数，lpi（Line Per Inch）で考えます。これは線数とも呼びます。1 インチに 10 本の線が並んでいれば 10lpi，150 本並んでいれば 150lpi です。当然，数値が大きければ大きいほど線は細くなり，きめ細かい画像が表現できます。印刷で使う線数は用紙の品質によっても異なってきます。新聞紙のように粗い紙では線数を上げてもつぶれてしまうので 60〜100lpi，書籍や雑誌など通常の上質紙に印刷するには 100〜133lpi，カラーの雑誌やカタログなどでは 175lpi が使われます。

150lpi

100lpi

50lpi

　lpi は dpi に換算するとおよそ 2 倍になるので，モノクロ写真ならば解像度が 250dpi，カラー写真ならば 350dpi あれば大丈夫です。1,200 万画素のデジカメ画像は単純に考え

て 4,000×3,000 ピクセルの画素で構成されているとします。これを 350lpi で印刷するということは，11.43×8.57 インチ，つまり 290×218 ミリで A4 サイズ一杯になります。モノクロ写真を A4 サイズの書籍に載せるのなら，150×120 ミリとして 1,476×1,181 ピクセル，174 万画素あればよいわけです。

■ 7.6 graphicx パッケージの宣言

画像を挿入するためには，まずプリアンブルでグラフィックパッケージを使用することを宣言しておかなければなりません。

```
\documentclass[dvipdfmx]{スタイルファイル}
\usepackage[オプション]{graphicx}|
```

と書きます。

\usepackage{graphicx}で設定する画像オプションは

- draft　枠線とファイル名だけを表示し，画像を表示しない
- hiresbb　高精度のバウンディングボックス情報を使う

以前は\documentclass のオプションではなく，graphicx のオプションで出力ソフトの指定をしていましたが，現在ではこの方式が推奨されています。つまり，A4 サイズの用紙に 11 ポイントの文字でスタイルは jsarticle，画像出力は dvipdfmx を使うのであれば

```
\documentclass[a4paper,11pt,dvipdfmx]{jsarticle}
\usepackage[hiresbb]{graphicx}|
```

と書きます。

そして本文中の画像を入れたい箇所で

```
\begin{figure}
\begin{center}
\includegraphics[width=80mm]{image/gazou.jpg}
\end{figure}
・・・本文・・・
```

のように記述します。

draft オプションを指定すると，画像が表示されるべき箇所に枠線が表示されます。画像表示や印刷に要する時間を短縮できるので，文書の校正だけを行うとか，おおざっぱなレイアウトをチェックするような場合に使います。最終的に公開するデータを作成すると

きには，このオプションは外しましょう。

　hiresbb オプションは，画像のサイズであるバウンディングボックス情報を %%BoundigBox: 行からではなく，より高精度な %%HiResBoundingBox: 行から取得します。

▌ 7.7　画像ファイルのサイズ情報

　EPS の場合，ファイルの先頭部分に画像の座標情報（バウンディングボックス＝ BB）が書かれており，LATEX はそれを使ってスペースを確保します。テキスト形式で保存したEPS ファイルはエディタで開いて見ることができます。その先頭部分は

```
%ADO_DSC_Encoding: Windows Japanese
%%Title: test.eps
%%Creator: Adobe Illustrator(R) 21.1
%%For: TSUCHIYA Masaru
%%CreationDate: 7/18/2018
%%BoundingBox: 0 0 283 213
%%HiResBoundingBox: 0 0 283.44 212.60

…
```

のようになっています。5 行目の %%BoundigBox:〜がバウンディングボックスで，座標原点から横 285 ポイント，縦 213 ポイントの大きさがある，ということです。

　%%BoundingBox: 行の座標情報は整数という制約があります。1 ポイントは1/72 インチ，すなわち 0.352778mm なので 100mm×75mm の画像ファイルは284.45635×212.59226 ポイントになるはずが 283×214 ポイントと四捨五入した値になってしまいます。6 行目の %%HiResBoundingBox: 行には 283.44×212.60 ポイントと小数点以下 2 桁まで，高精度で保存されます。問題が無ければ hiressbb オプションを指定しておけば良いでしょう。

　EPS 以外の画像フォーマットにはバウンディングボックス情報がありません。LuaLATEXはそれ自身が画像ファイルを解析してバウンディングボックス情報を得るようになっています。

　pLATEX や upLATEX はそのような機能を持ってないので extractbb というプログラムを自動実行してバウンディングボックス情報を入手します。

　pLATEX, upLATEX でタイプセットして dvipdfmx で PDF に変換する場合，次の順番でバウンディングボックス情報を参照します。

　1. ソースに bb 値が指定されていれば最優先で参照する

2. bb 値が指定されてなければ xbb ファイルを参照する

3. xbb ファイルがなければ extractbb を実行する

1. のソースに bb 値を指定するというのは

```
\includegraphics[bb=0 0 283 213,width=10cm]{image/test.jpg}
```

という書き方です。そのためには画像ファイルの bb 値を何らかの方法で入手しなければなりません。

　画像ファイルに対して extractbb を実行すると拡張子 xbb の xbb ファイルが生成されます。xbb ファイルの内容は

```
%%Title: test.jpg
%%Creator: extractbb 20150315
%%BoundingBox: 0 0 283 213
%%HiResBoundingBox: 0.000000 0.000000 283.440000 212.640000
```

のようになっており，3 行目左から X 座標の原点，Y 座標の原点，X 座標の終わりの位置，Y 座標の終わりの位置を示しています。4 行目はより高精密な HiRes 座標です。

　xbb ファイルを作るにはコマンドプロンプトで

```
extractbb test.jpg
```

と，extractbb コマンドに画像ファイル名を付けて実行するだけです。この場合だと test.xbb ファイルが作られます。

　TEXLive 2014 以降は extractbb の自動実行，bb 値のリアルタイム取り込みが行われます。何も考えずに jpg や png，pdf ファイルを\includegraphics で読み込めば良いということです。

▌7.8　dvipdfmx **を使う**

　dvipdfmx は pLATEX，upLATEX の出力ファイルである dvi ファイルを PDF ファイルに変換する DVI ドライバです。

　dvipdfmx を使うには，まずプリアンブルで

```
\documentclass[dvipdfmx]{jsarticle}
\usepackage[hiressbb]{graphicx}
```

のように宣言し，画像を挿入したい場所で次のように記述します。

■ 入力

```
\includegraphics[width=80mm]{img/chibi.jpg}
```

■ 出力

■ 7.9　画像を回転させるには

　画像を回転させるには angle オプションを使います。回転角は左回り（反時計回り）が正の度数で指示します。回転の中心は origin オプションで指定します。origin オプションを付けないデフォルト状態では回転の中心は縦方向が回転させる対象のベースライン位置，横方向が回転させる対象の左端となります。

　たとえば画像の中心を回転軸として 30 度回転させるには

■ 入力

```
\includegraphics[angle=30,origin=c,width=80mm]{img/skytree.jpg}
```

と書き，結果は以下のようになります。

■ 出力

origin のパラメータは次のとおりです。

c：対象の中心
l：横方向の位置が対象の左端
r：横方向の位置が対象の右端
t：縦方向の位置が対象の上端
b：縦方向の位置が対象の下端
B：縦方向の位置が対象のベースライン

7.10　画像のトリミング

　用意されている画像の全体を表示するのでは無く，範囲指定を行うには viewport オプションあるいは trim オプションを使います。

　viewport オプションはバウンディングボックスに対する相対位置での範囲指定，trim オプションは画像の周囲を裁ち落とす領域指定となります。指定した範囲だけを表示するには clip オプションも同時に使う必要があります。

　たとえば横 120mm，縦 80mm の画像があります。

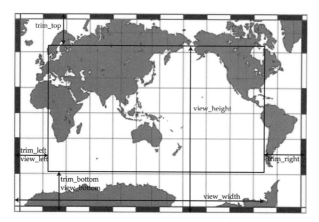

　左端から 14mm，下から 16mm を起点として横 88mm，縦 50mm の領域を表示する
には

■ 入力

```
\includegraphics[viewport=14mm 16mm 102mm 66mm,width=85mm,clip]
{img/gazou.jpg}
```

　あるいは

■ 入力

```
\includegraphics[trim=14mm 16mm 18mm 14mm,width=60mm,clip]
{img/gazou.jpg}
```

と書きます。出力結果はいずれも同じで，次のようになります。

■ 出力

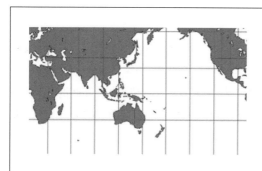

7.11 画像に文字を重ねるには

画像に文字を重ねるには picture 環境を使います。

■ 入力

```
\includegrahpics[width=80mm]{img/kano.jpg}
\begin{picture}(0,0)
\put(-160,30){\makebox(0,0){\textcolor[cmyk]{0,0,0,0}
{\Huge\textbf{「かの」です}}}}
\end{picture}
```

と書きます。

■ 出力

これは

- picture(0,0) で画像の右下端に大きさ 0 の picture 環境の原点を置きます
- put(-160,30) で画像の右下端から 160Œ\unitlength だけ左, 30Œ\unitlength だけ上に
- 大きさゼロの箱を作り
- '「かの」です' と出力

しています。

ポイントとしては

- 下に来る画像の直後に picture 環境を記述する
- 大きさゼロの領域を指定する

です。

　LATEX は文字も画像も箱として配置し，その箱からはみ出した部分は関与しません。ですから大きさゼロの箱を使えば，好きな場所に文字や画像を重ねることができます。

7.12　画像の位置を指定する

　ページの中で画像の位置を指定するには figure[オプション] 環境を使い，\includegraphics 命令を囲みます。

　figure 環境のオプションは以下のとおりです。

h	画像をその場所に置く
t	画像をページの上に置く
b	画像をページの下に置く
p	画像を単独のページに置く

　オプションを付けなければ自動的にページ上，ページ下，単独ページの順番で配置します。ただしサイズ的に 1 ページに収まらない複数の画像を表示しようとすると，はるか離れたページに画像が飛んでしまうことがあります。

　より強力に「この場所に画像を配置」するのが here パッケージです。

　プリアンブルで

```
\usepackage{here}
```

と書いておき，画像を配置する命令の位置オプションで大文字の H を指定します。

```
\begin{figure}[H]
\includegraphics{img/・・・・・.pdf}
\end{figure}
```

7.13　画像にキャプションと画像番号を付けるには

　画像にキャプションを付けるには figure 環境内で\caption{キャプション}命令を使います。

　図番号を付けるには\label{画像名}命令を使います。\label{画像名}命令に対して文中で\ref{画像名}命令を使えば，自動的に番号を参照することができます。

　\ref 命令を記入し，LATEX で処理すると 1 回目は「図??」と図番号がクエスチョンマー

クになっています。これをもう 1 回処理すると正しく「図 7.1」のように番号が振られます。

■ 入力

```
\begin{figure}[h]
\begin{center}
\caption{我が家に来た当時の「かの」}
\label{kano}
\includegraphics[width=80mm]{img/kano.jpg}
\end{figure}
写真\ref{kano}は,「かの」がうちに来た直後に写したものです。
\end{center}
```

■ 出力

図 7.3: 我が家に来た当時の「かの」

写真 7.3 は,「かの」がうちに来た直後に写したものです。

7.14　複数の画像を横に並べるには

複数の画像を横に並べて 1 個の画像として表示する場合には, minipage 環境を使います。並べる画像の数だけ minipage 環境を作り, その中に画像をインクルードするだけで

す。その際，minipage には幅を指定しなければなりません。数値で直接入力してもかま
いませんが，均等にするのであれば LaTeX に自動的に計算させることができます。

　それは，紙面の幅である\textwidth を割って使うというものです。3 個の画像を並べ
るとなると 3 分の 1 で 0.33 ですが，画像の間隔にスペースが必要になるので 0.3 を掛け
てやります。.3\textwidth は 0.3×\textwidth の意味です。

　画像の幅は width=\textwidth とすれば，自動的に均等割の縮尺となります。

■ 入力

```
\begin{figure}
\begin{minipage}{.3\textwidth}
\caption*{あお}
\includegraphics[width=\textwidth]{img/ao.jpg}
\end{minipage}
\hspace{10pt}
\begin{minipage}{.3\textwidth}
\caption*{オレンジ}
\includegraphics[width=\textwidth]{img/orenge.jpg}
\end{minipage}
\hspace{10pt}
\begin{minipage}{.3\textwidth}
\caption*{しろ}
\includegraphics[width=\textwidth]{img/shiro.jpg}
\end{minipage}
\caption*{我が家の猫たち 2 代目}
\end{figure}
```

■ 出力

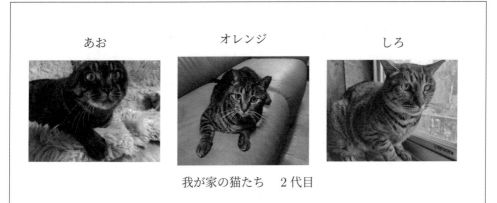

あお　　　　　　オレンジ　　　　　　しろ

我が家の猫たち　２代目

■ 7.15　他のアプリケーションから画像を貼り込む

　Windows で PDF ファイルを作るには，いくつかの方法があります。

　有償の PDF 作成ソフトウェアとしては Adobe Acrobat CC が代表的です。値段は張りますが，PDF 文書の作成，編集，署名の追加など PDF に関するほぼすべての処理が可能です。Distiller という高機能な PDF 作成エンジンが含まれており，2400dpi といった印刷用の高精度データ作成に対応しています。会社や大学の研究室ならば持っていて損はありません。なお，無償でダウンロードできる Acrobat Reader CC は PDF ビュアーであり，PDF 作成はできません。

　マイクロソフト Office の最新版では Word，Excel，PowerPoint に PDF ファイルを作成する機能が搭載されています。ファイルを保存するときにファイルの種類として PDF を選ぶだけです。

　無償の PDF 作成ソフトも PrimoPDF，CubePDF など，さまざまなものがあります。またオープンソースのオフィスソフト LibreOffice，Apache OpenOffice，統計解析ソフト GNU R のように元から PDF 作成機能を搭載しているフリーソフトもあります。

　廉価な，あるいは無償の PDF 作成ソフトは高解像度の出力ができないとか，カラーモードが RGB に固定されているとか，フォントの埋め込みができないなどの制約があり，雑誌や書籍などには使えないものもあるので，そういった用途では注意が必要です。Web などで公開するといった用途ならばあまりこだわることはないでしょう。逆に高解像度にするとファイルサイズが大きくなり，インターネットでの配布には適しません。

　※ PDF データを商業印刷で使うには 2400dpi の高解像度，カラーモードは CMYK，フォントは必ず埋め込んだ PDF/X とするのが標準です。特に RGB モードの画像データ

が入っているとトラブルが起きます。

7.16　SVG 画像を取り込む

　Web でロゴやアニメーションに使われるようになってきた SVG ファイルですが，dvidfmx では直接表示することができません。Inkscape など他のアプリケーションを経由していったん PDF に変換する必要があります。

　Inscape はオープンソースのベクター画像編集ソフトです。Adobe Illustrator にかなり近い機能を持っています。デフォルトの入出力は SVG ファイルですが、Illustrator の AI ファイル読み書きも可能です。

　inkscape のダウンロードサイト https://inkscape.org/ja/download/ からインストーラをダウンロードします。この時、Windows 用では Windows Store 版ではなく、32-bit か 64-bit 版をダウンロードしてください。

　ダウンロードしたインストーラをダブルクリックするとインストールが始まります。

　標準では C:\Program Files\Inkscape にインストールされます。パスを追加設定してください。コマンドプロンプトから inkscape --version と入力して

```
Inkscape 0.92.3 (2405546, 2018-03-11)
```

のように表示されればインストールは完了です。

　LaTeX で SVG ファイルを読み込むにはプリアンブルで svg パッケージを指定します。そして includegraphics の代わりに includesvg を使います　入力

```
\documentclass[dvipdfmx]{jsarticle}
\usepackage{svg}
\begin{document}
\noindent\includesvg[width=40mm]{logo.svg}
株式会社エルデ\\
〒1620821\\
東京都新宿区津久戸町 3 番 19 号えひらビル\\
Tel. 03-6265-3123\\
Fax. 03-6265-3124
\end{document}
```

　そして--shell-escape オプションを付けて pLATEX を実行します。--shell-escape
は外部プログラム，ここでは inkscape を呼び出して SVG ファイルを PDF ファイルに
変換するためのオプションです。

```
platex --shell-escape svg.tex
```

　タイプセットが済んだら dvipdfmx で PDF ファイルに変換します　出力

ERDE

株式会社エルデ

〒1620821

東京都新宿区津久戸町 3 番 19 号えひらビル

Tel. 03-6265-3123

Fax. 03-6265-3124

第 **8** 章

目次，索引，
参考文献リストを作る

■ 8.1　目次を作るには

　ソースファイルの目次ページを置きたい場所，通常は本文の前に \tableofcontents
と記述します。そして全文を 2 回続けて LaTeX で処理すると目次が作成されます。1 回目
は「No file」という警告が表示されますが，これは目次データが未完成のためなので無視
し，もう 1 回処理してください。

　同じように\listoffigures 命令を書けば図目次が，\listoftables 命令を書けば表
目次が出力されます。

　目次は，まず 1 回目のタイプセットでソースファイルの名前に「toc」という拡張子が
付いたファイルが生成されます。たとえば本文ソースファイルが main.tex であれば目次
ファイルは main.toc です。この中身は

```
\contentsline {chapter}{はじめに}{iii}
\contentsline {chapter}{\numberline {第 1 章}\LaTeX とは}{1}
\contentsline {section}{\numberline {1.1}\LaTeX の誕生}{2}
\contentsline {section}{\numberline {1.2}\LaTeX の得意なこと，不得意なこと
}{2}
\contentsline {section}{\numberline {1.3}\LaTeX と英文組版}{4}
\contentsline {section}{\numberline {1.4}\LaTeX と日本語}{5}
```

のように章番号・節番号＋見出し＋ページ番号という順番のテキストファイルです。2 回
目のタイプセットでこの toc ファイルを読み込み，実際に目次が出力されます。表目次は
lot，図目次は lof です。

8.1.1　目次の出力レベルを変えるには

　標準設定では，目次には章（chapter）と節（section）までが出力されます。このレベ
ルを変えるにはプリアンブルで\setcounter{tocdepth}{数字}命令を使います。章だけ
を目次に出すには

```
\setcounter{tocdepth}{0}
```

小節（subsection）まで目次に出すには

```
\setcounter{tocdepath}{2}
```

と書きます。

　レベルは以下のようになっています。

入力	出力
\part	-1
\chapter	0
\section	1
\subsection	2
\subsubsection	3
\paragraph	4
\subparagraph	5

主なドキュメントクラスの標準設定は次のとおりです。

jsarticle　2
jsbook　　　1
jsreport　2

本書では\setcounter{secnumdepth}{1}として\subsection に小節番号を表示しないようにしています。

8.2　番号のない見出しを出すには

\chapter{\LaTeX とは}や section{\LaTeX の誕生}のように見出しを書くと，本文と目次には「第 1 章　　LaTeX とは」「1.1　　LaTeX の誕生」と章番号，節番号が付けられます。

「はじめに」や「あとがき」など，章番号を付けたくない箇所では，\chapter*{はじめに}と，chapter に * を付けます。これで本文の見出しは章番号なしで「はじめに」と出力されます。このままでは目次に「はじめに」が出力されないので，見出しの後に続けて\addcontentsline{toc}{chapter}{はじめに}と書けば，章番号なしの見出しが目次に出力されます。

\chapter*{はじめに}
\addcontentsline{toc}{chapter}{はじめに}

です。ただし「はじめに」や「あとがき」はこの方法で章番号を省くより，\frontmatter，\backmatter 命令を使う方が便利です。これはソースファイルの「はじめに」や目次を出すに\frontmatter と記述し，本文が始まるところ\mainmatter，索引やあとがき，奥付などを出す前に\backmatter と記述します。

\begin{document}

```
\frontmatter
\include{hajimeni}
\tableofcontents
\mainmatter
\include{chap1}
\include{chap2}
…
\backmatter
\printindex
\include{atogaki}
\end{document}
```

8.3　目次のタイトルを変えるには

jsbook では，日本語モードでは目次は「目次」，英語モードでは「Contents」となっており，自動的に判断するようになっています。これは

```
\newcommand{\contentsname}{\if@english Contents\else 目次\fi}
```

と定義されています。

「目次」に変えて「もくじ」としたい，日本語モードだけどタイトルだけ「Contents」にしたいという場合は，プリアンブルで

```
\renewcommand{\contentsname}{もくじ}
```

あるいは

```
\renewcommand{\contentsname}{Contents}
```

と指定します。

この指定を変えると，目次部分の柱に出るタイトルも「もくじ」や「Contents」となります。

8.4　目次のデザインを変えるには

LaTeX 標準の目次はシンプルなデザインで，論文や専門書ならばともかく，一般書にそのまま使うのはちょっとさみしいです。

目次のデザインはスタイルファイルの `tableofcontents` という命令で指定されています。たとえば jsbook では次のようになっています。

```
\newcommand{\tableofcontents}{%
  \if@twocolumn
    \@restonecoltrue\onecolumn
  \else
    \@restonecolfalse
  \fi
  \chapter*{\contentsname}%
  \@mkboth{\contentsname}{}%
  \@starttoc{toc}%
  \if@restonecol\twocolumn\fi
}
```

2 行目の\if から 6 行目の fi までが 2 段組か 1 段かという条件分岐で，実際の目次タイトルは\chapter*{\contentsname}になります。

　レイアウトを変えるには，tableofcontents 命令を再定義してやります。たとえば柱・ノンブルを非表示にし，タイトルの下にグレーの網を置き，タイトルを右寄せ・ボールド・サンセリフで出力するとなると，プリアンブルで

```
\makeatletter
\renewcommand{\tableofcontents}{%
  \if@twocolumn
    \@restonecoltrue\onecolumn
  \else
    \@restonecolfalse
  \fi
\thispagestyle{empty}
\hspace{-4zw}
{\color[gray]{0.9}{\rule{1.1\textwidth}{40pt}}}
\vspace{-6zw}
\begin{flushright}{\textsf\textbf\Huge\contentsname}
  \end{flushright}
  \@mkboth{\contentsname}{}%
  \@starttoc{toc}%
  \if@restonecol\twocolumn\fi
}
\makeatother
```

と宣言します。

　まず，\makeatletter, \makeatother という命令で全体を囲んでいます。これは命令文に使われている@が LaTeX の内部コマンドを表す記号であるため，ソースファイル中で再定義するにはいったん文字としての@と指定し，定義終了後に命令としての@と再宣言します。これを忘れるとエラーになってタイプセットが通りません。

　8 行目から 12 行目までが，実際のタイトル回り変更です。\thispagestyle{empty}命令は，このページ，つまり目次の 1 ページ目では柱・ノンブルともに無いデザインを宣言するものです。

　\hspace{-4zw}で 左 に 全角 4 文字ずらし，{\color[gray]{0.9} {\rule {1.1 \textwidth}{40pt}}}命令で幅が文字幅の 1.1 倍，高さ 4 文字のグレー帯を出力します。\vspace{-6zw}命令で 6 行分始点を上にずらします。

　\begin{flushright}{\textsf\textbf\Huge \contentsname} \end{flushright}で\contentsname の中身を右寄せ，サンセリフ，ボールド体，特大サイズで出力します。

　さらに章タイトルのデザインも変えてみましょう。

　章タイトル\chapter のデザインは jsbook では

```
\newcommand*{\l@chapter}[2]{%
  \ifnum \c@tocdepth >\m@ne
    \addpenalty{-\@highpenalty}%
    \addvspace{1.0em \@plus\p@}
    \begingroup
      \parindent\z@
      \rightskip\@tocrmarg
      \parfillskip-\rightskip
      \leavevmode\headfont
      \if@english\setlength\@lnumwidth{5.5em}
      \else\setlength\@lnumwidth{4.683zw}\fi
      \advance\leftskip\@lnumwidth \hskip-\leftskip
      #1\nobreak\hfil\nobreak\hbox to\@pnumwidth{\hss#2}\par
      \penalty\@highpenalty
    \endgroup
  \fi}
```

で定義されています。

　フォントを大きくして角丸罫線で囲み，タイトルとページ番号の間を短くします。

　プリアンブルで

```
\makeatletter
\renewcommand*{\l@chapter}[2]{%
  \ifnum \c@tocdepth >\m@ne
    \addpenalty{-\@highpenalty}%
    \addvspace{1.0em \@plus\p@}
    \begingroup
      \parindent\z@
      \rightskip\@tocrmarg
      \parfillskip-\rightskip
      \leavevmode\Large\textgt\headfont
      \if@english\setlength\@lnumwidth{5.5em}\else\setlength
      \@lnumwidth{4zw}\fi
      \advance\leftskip\@lnumwidth \hskip-\leftskip
      \Ovalbox{%
      #1\nobreak\hfil\nobreak\hbox to\@pnumwidth{\hss#2}}
      \par\vspace{1zw}
      \penalty\@highpenalty
    \endgroup
  \fi}
\makeatother
```

と再定義します。

　この命令は，章タイトルの変更と同じく，\makeatletter, \makeatother で囲んで@
の再定義を有効にします。

　タイトルそのもののデザイン変更は 10 行目，\leavevmode\Large\textgt\headfont
で文字サイズを\Large，書体をゴシックに設定します。11 行目の@lnumwidth{4zw}は
「第〜章」と章タイトルの間を少し短くしています。13 行目の\Ovalbox{から 13 行目の}
までが角丸罫線で囲む命令です。なお，\Ovalbox を使うには fancybox パッケージが必
要です。プリアンブルで

```
\usepackage{fancybox}
```

宣言をしておかないといけません。

　カスタマイズした目次は，次のようになりました。

■ 出力

Contents

8.5　索引を作るには

　LATEX ではめんどうな索引作りを自動化する機能が備わっています。文章中でどの言葉を索引にするのかを指定し，mendex か upmendex というプログラムで処理すれば，索引が勝手にできあがります。途中で文章を手直ししてページが変わっても，自動的に正しいページ数を表示してくれます。mendex は ShiftJIS，JIS，EUC，UTF-8 に対応しています。upmendex は UTF-8 専用です。

　索引を作るには，まず文章中で索引項目とする言葉の直後に\index{項目}という命令を埋め込み，索引項目を指定しなければなりません。これはどうしても手作業になります。

　欧文ならばこれだけでいいのですが，日本語や記号の場合は\index{こうもく@項目}と読みも付けないといけません。

　たとえば

> 「technology（科学技術）という英単語は $\tau\epsilon\chi\cdots$ という文字で始まるギリシャ語を語源としており，このギリシャ語は技術と同時に芸術をも意味する言葉である。TEX という名称はここからきていて，$\tau\epsilon\chi$ の大文字で綴る。

『TEXBook』

という文があり，この中で technology，科学技術，ギリシャ語，$\tau\epsilon\chi$，芸術という単語を索引項目にしたいとします。

■ 入力

```
「technology \index{technology}（科学技術）\index{かかくきしゆつ@科学
技術}」という英単語は $\tau \epsilon \chi$ \index{ $\tau$} という文
字で始まるギリシャ語を語源としており，このギリシャ語\index{きりしやこ@ギ
リシャ語}は技術と同時に芸術\index{けいしゆつ@芸術}をも意味する言葉であ
る。\TeX という名称はここからきていて，$\tau \epsilon \chi$ の大文字で
綴る。
```

と\index 命令を埋め込みます。

そしてプリアンブルに

\usepackage{makeidx}

\makeindex

と記述し，索引を実際に出力したい場所に

\printindex

命令を記述します。

まず LATEX で処理します。このソースファイルの名前が gogen.tex だったとすると gogen.idx というファイルができます。

このファイルを mendex で処理します。コマンドプロンプトを開き，カレントディレクトリを gogen.idx のあるディレクトリにして

mendex gogen

と入力します。これで項目が読み仮名順に並び替えられた gogen.ind というファイルが出力されます。

もう一度，gogen.tex を LATEX で処理すれば，索引ページが作られます。

8.6 索引項目で使えない記号

索引項目を指定する際に，次の記号はそのまま指定できません。

@ | !！「」" \

これらの記号を索引項目に使うには，\index{"@}のように"を付けます。

\verb を使う場合には区切り記号として|を使うことができません。そのため，\index{LaTeX@\verb+\LaTeX+}のように別の記号にしておきます。

8.7　索引の体裁を変える

標準の索引は「項目，ページ番号」という体裁になっています。これは mendex のオプションでスタイルファイルを指定することで自由に変更できます。

まずはスタイルファイルを作ります。たとえば項目を左寄せ，ページ番号を右寄せにするのであれば

```
delim_0␣"\\quad\\hfill␣"
delim_1␣"\\quad\\hfill␣"
delim_2␣"\\quad\\hfill␣"
```

と書いたファイルを作り，style1.ist という名前で保存します。保存する場所はソースファイルのあるカレントディレクトリか，\texmf\makeindex フォルダーとします。

そして mendex を

```
mendex -s style1.ist gogen
```

と，「-s スタイルファイル」オプションを付けて実行します。もう一度コマンドラインで

```
platex gogen
```

と LaTeX 処理をすれば，

$\tau\epsilon\chi$	1
technology	1
科学技術	1
ギリシャ語	1
芸術	1

という索引ができます。

また，

```
delim_0␣"\\quad\\dotfill\\quad"
delim_1␣"\\quad\\dotfill\\quad"
delim_2␣"\\quad\\dotfill\\quad"
```

とすれば，項目とページ数の間に「. ..」が引かれた索引ができます。

実際に本書の原稿から索引を作った例です。

■ 出力

　このスタイルでは和文見出しが「あ，い，う，え，お…」となります。

　mendex -g -s　style1.ist main と，-g オプションを付けて mendex を実行すると和文見出しが「あ，か，さ，た，な…」になります。

■ 出力

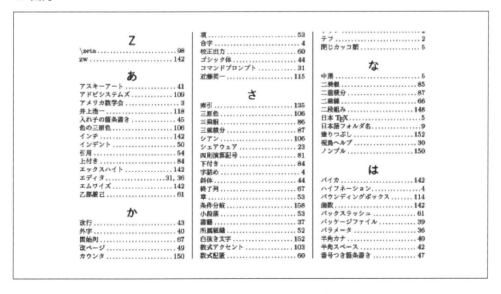

　ind ファイルはテキストファイルなので，エディタで内容をいじることも可能です。た

とえば\indexspace を削除すれば空行を削除できます。

■ 8.8　入れ子になった索引

入れ子になった索引を作るには

\index{第一項目!第二項目}

のように区切って指定します。索引語を「－」で省略する場合は表示用の索引語にそのように記述します。

たとえば

\index{けんし@原子}

\index{けんし@原子!－のしつりょう@－の質量}

\index{けんし@原子!とむそんの@トムソンの－}

とすれば

原子, 6

　－の質量, 9

　トムソンの－, 10

という索引ができます。

■ 8.9　他の項目を参照する索引

索引項目にあるけれど，他の項目を参照させる索引，たとえば「電子計算機」という言葉に対して「コンピューター」という項目をさせるには，

\index{てんしけいさんき@電子計算機|see{コンピューター}}

と書きます。

索引ページの「電子計算機」のところには

■ 出力

　電子計算機 .... → コンピューター

と出力されます。ドキュメントクラスに jsarticle, jsbook 以外のものを使っていると矢印の代わりに「see」と英語で出力されます。これを「→」にするにはプリアンブルで

\renewcommand{\seename}{→}

と記述してください。

　これを LaTeX でタイプセットすると 1 回目は警告メッセージが表示され，\pageref の部分は「??ページを参照のこと」と表示されます。そのまま続けてもう 1 回処理してやれば警告は消え，参照が有効になります。ただし，文章にページ数などが変化するような修正作業を行った場合はズレが生じますから，また 2 回処理を繰り返して整合をとってやる必要があります。

　ラベル名はアルファベットでもかな・漢字でもかまいません。ただしラベル名の中で半角\，{，}の 3 つの記号は使うことができません。

▌ 8.10　参照

　長い文書を書いていると「図 3-2 を参照」とか「106 ページ参照」のように参照を使うことがよくあります。ところがこれらの番号やページは途中で文章をいじったりすることでどんどん変わってしまいます。「索引の作り方」が何ページになるのかは最後にならないと決まりません。実際，本書も章ごとにファイルを分けて書いています。図番号やページ番号が決まらないからと，そこを空けておいたら，それも大変な作業になります。間違いも出るでしょう。

　LaTeX には参照を自動管理する機能が備わっています。参照される箇所にラベルという命令を埋め込み，参照する側はそのラベルの名前を呼ぶのです。LaTeX がファイルを処理すると，その名前に対応する番号，ページ数に置き換えられて出力されます。ラベルと参照は次のように書きます。

▌ 入力

```
索引を作る\label{sakuin}
索引の作り方については\pageref{sakuin}ページを参照のこと
```

▌ 出力

```
索引を作る
索引の作り方については 145 ページを参照のこと
```

▌ 8.11　参考文献リストを作るには

　学術論文はもちろん，専門書，研究レポートなどでは参考文献が欠かせません。これらの「研究」や「批評」「批判」のほとんどは誰か先に公表した著作があり，それを元に自分の見解を展開するからです。

　　参考文献を明示することにより，著作の作成者がどんな文献を参考にしたのかがはっきりし，読む人に著作内のどの点が作成者のオリジナルな見解なのか，をわからせることができるからです。

　　参考文献が明示されていれば，著作内に使われている各種データ，引用の原典に当たることが可能になります。

　　参考文献を明示せずに他人の著作から引用すると，「剽窃^{ひょうせつ}，盗用ではないか？」といった疑惑をかけられる場合があります。自分の著作であっても出典を明示しない引用は自己剽窃（自己盗用）と見なされる恐れがあります。

　　剽窃だと判断されると論文の場合は掲載拒否，論文撤回，研究助成金削減などということになりかねません。社会的地位を失って研究者としての将来街真っ暗です。学生の場合はそのレポートが 0 点と評価されたり，全科目 0 点，停学，退学などの厳しい処分が科せられる可能性もあります。

　　2016 年にはまとめサイトのコピペ盗用問題が大きな事件となり，多くのまとめサイトが一時閉鎖や撤退を余儀なくされました。

　　現在ではインターネット上のブログや Wikipedia などから簡単に文書のコピーペーストができる一方，剽窃チェッカー http://plagiarism.strud.net/ など，論文やレポートが剽窃ではないか調べるツールも登場しています。

　　参考文献，引用文献はきちんと出典を明示し，自分の見解と区別することで剽窃疑惑を避けるべきです。

　　参考文献の記載にはいくつかの方法があります。学会論文誌や大学の紀要などでルールが決まっているところでは，それに従います。以下，一般的な日本語文書での参考文献記載方法を説明します。

　　まず，参考文献のリストを作ります。これには thebibliography 環境を使います。

```
\begin{thebibliography}{99}
\bibitem {texbook}『\TeX ブック』Donald E. Knuth（アスキーメディアワークス，
1989）
\bibitem {latex2e}『\LaTeX2e A Document Preparation System Second
Edition』Leslie Lamport（Addison-Wesley, 1994）
\end{thebibliography}
```

　　1 行目，\begin{thebibliography}{99}の右端にある「99」という数字は，引用文献の通し番号を 2 桁までとするという指定です。3 桁にするのであれば「999」とします。

　　\bibitem に続くカッコ内は参照名です。参照名には「クヌース」や「latex-book」のように日本語やハイフンを使うことができます。空白，コンマは使えません。大文字と小文字は区別されるので，「texbook」と「TeXbook」は違う文献になります。

　　thebibliography 環境を書いた場所（通常は巻末）に参考文献リストが出力されます。

■ 出力

参考文献

[1] 『TEX ブック』 Donald E. Knuth （アスキーメディアワークス, 1989)
[2] 『LATEX2e A Document Preparation System Second Edition』 Leslie Lamport （Addison-Wesly, 1994)

本文中で「Lamport~\cite{latex2e}によれば」と参照名を記述すると「Lamport [2] によれば」と，自動的に文献番号が参照されます。

文献リストを使うと，1 回目のタイプセットでは警告が出ます。これは目次や索引と同じことで，相互参照が把握されていないからで，\cite 命令のところには [?] が表示されます。もう 1 回タイプセットすると正しく文献番号が埋め込まれます。文献番号は本体ファイルと同じ名前で，拡張子が「.aux」のファイルに出力されます。2 回目の処理で aux ファイルが読み込まれ，正しい文献番号が埋め込まれます。

複数の文献を参照している場合には\cite の引数に半角コンマで区切って記述します。

■ 入力

これらは\LaTeX の基本書である\cite{texbook, latex2e}|

■ 出力

これらは LATEX の基本書である [1, 2]

8.11.1 BibTeX を使う

thebibliography 環境で直接引用文献リストを作成した場合，後から参考文献を増やすなどリストの順番を変更すると参照番号がずれてしまいます。本文中の参照番号が本文の出現順ではなく，文献リスト順になります。

参考文献の本数が多くなる，そのテーマについて継続的に論文を執筆するというのであ

れば，参考文献データベース管理ツール BibTeX を使うのが便利です。

　参考文献のデータベースを作ります。データベースといっても「ŒŒ.bib」というファイル名のテキストファイルです。たとえば本文が article.tex，データベースファイルを article.bib とします。

　article.bib は次のように参考文献情報を記載します。

```
@book {texbook,
title = {\TeX ブック},
auther = {Donald E. Knuth
year = {1989}
publisher = {アスキーメディアワークス}
}
@book{latex2e},
title = {\LaTeX2e A Document Preparation System},
auther = {Leslie Lamport},
edition = {Second Edition},
year = {1994},
publisher = {Addison-Wesley}
}
```

　元の tex ファイルで\cite 命令を使って参考文献へのリンクを張るのは前と同じです。そして参考文献リストを掲載する場所，thebibliography の代わりに

```
\bibliography{article}
\bibliographystyle{junsrt}
```

　と書きます。

　\bibliography{article}が bbl ファイル読み込み指定，\bibliographystyle{junsrt}が参考文献リストの表記スタイル指定です。

　スタイルファイルは主なものだと plain, alpha, abbrv, unsrt, jplain, jalpha, junsrt があります。

　学会誌に投稿する場合は学会でスタイルファイルを用意していることがあります。その場合は学会の指定に従ってください。

　ファイルが用意できたらタイプセットします。

1. platex article
2. pbibtex article
3. platex article

plain	標準的なスタイル
alpha	文献番号が著者名の最初の 3 文字と刊行年になる
abbrv	できる限り短く表示する
unsrt	本分中で引用した順に出力する
jplain	標準的なスタイル。日本語対応
jalpha	文献番号が著者名の最初の 3 文字と刊行年になる。日本語対応
jabbrv	できる限り短く表示する。日本語対応
junsrt	本分中で引用した順に出力する。日本語対応

4. dvipdfmx article

1 回目の platex によるタイプセットで次のような警告が出たら，もう 1 回タイプセットしてください。

```
LaTeX Warning: Citation `plagiarism' on page 1 undefined on input line 22.
```

これは参考文献が定義されていない，という警告です。もう 1 回 platex article を実行すると article.aux が出力されます。これを pbibtex が処理して article.bbl ファイルが作られます。

次の platex article で bbl ファイルが読み込まれ，参考文献の入った dvi ファイルが出力されます。

pbibtex は以前の TeX ディストリビューションでは jbibtex でしたが，現在は名前が変わっています。

8.11.2 bib ファイルの書き方

参考文献データベース bbl ファイルですが，書き方は次のようになっています。

```
@book {texbook,
title = {\TeX Book},
publisher = {Addison-Wesley Professional},
author = {Donald E. Knuth},
year = {1986},
}
```

1 行目の @ から始まる部分が文献の種類を指定します。「@book」ならば書籍，「@article」ならば論文です。

開きカッコの後に参考文献のキーワード，つまり \cite コマンドで参照する文字列

です。

　以降の行が文献データとなります。項目名={項目}，と書きます。

　デフォルトの参考文献スタイル（plain.bst）を使うと参考文献は

　ファーストネーム ミドルネームの頭文字 ファミリーネーム．　タイトル. 出版物名. 巻数：ページ，出版月 出版年，

　となります。

　文献種類は次のようなものが用意されています。

表記	意味	オプション
@book	書籍	author（著者），title（題名），publisher（出版社），year（刊行年），volume（巻数），number（号数），series（シリーズ名），address（出版社住所），edition（版数），month（刊行月）note（付記）
@article	論文雑誌	author（著者），title（題名），journal（雑誌名），year（刊行年），volume（巻数），number（号数），pages（ページ），month（刊行月），note（付記）
@proceeding	学術会議	title（題名），year（刊行年）editor（編集者），volume/number（巻数／号数），series（シリーズ），address（出版社住所），month（刊行月），publisher（出版社），organization（会議の主催者），note（付記）
@techreport	報告書	author（著者），title（題名），institution（研究所），year（刊行年）type（報告書の種類），number（号数），address（出版社の住所），month（刊行月），note（付記）
@manual	マニュアル	title（題名）author（著者），organization（会議の主催者），edition（版数），address（出版社の住所），month（刊行月），year（刊行年），note（付記）
@phdthesis	博士論文	author（著者），title（題名），year（刊行年），school（大学名）month（刊行月），address（大学の住所），note（付記），type（論文種類）
@misc	その他	author（著者），title（題名），howpublished（出版形態），year（刊行年），month（刊行月），note（付記）

　著作の中で Web サイトを参照することは多くなってきています。ところが bibtex には URL を直接示す文献種類がありません。将来的には URL が取り込まれると思いますが，現時点では@misc と howpublished を使うことになります。howpublished での URL 表記には\url を付けることが推奨されています。これはプリアンブルで usepackage{url}

が必要です。

```
@misc {はじめの一歩 2018,
author = {土屋勝},
title = { 『LaTeX はじめの一歩　Windows10/8/7 対応』が出版されました },
howpublished = {\url{https://www.erde.co.jp/latex2018.html}},
```

8.11.3　BibTeX 形式で書誌データをダウンロードできるサイト

BiBtex を使うと参考文献の整理が楽になりますが，書誌データをフォーマットに従って記入するのは面倒です。現在では多くの論文は電子化されて Web サイトに掲載されていますが，これらの論文サイトでは BiBtex 形式で書誌データもダウンロードできるところが増えています。

たとえば Google Scholar。

http://scholar.google.co.jp/

論文や書籍などを検索できる専門サイトですが，本文を読めるだけではなく，BiBtex 形式（や他のフォーマット）の書誌データもダウンロードできます。参考文献リストに加える論文の下にある 🙲（引用符）をクリックします。

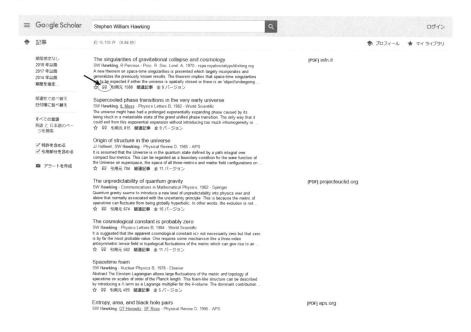

すると，［引用］ダイアログが開きます。

この「BibTeX」をクリックすると，選んだ論文の書誌データが BibTex 形式で表示されます。

引用

MLA   Hawking, Stephen William, and Roger Penrose. "The singularities of gravitational collapse and cosmology." *Proc. R. Soc. Lond. A* 314.1519 (1970): 529-548.

APA   Hawking, S. W., & Penrose, R. (1970). The singularities of gravitational collapse and cosmology. *Proc. R. Soc. Lond. A, 314*(1519), 529-548.

ISO 690   HAWKING, Stephen William; PENROSE, Roger. The singularities of gravitational collapse and cosmology. *Proc. R. Soc. Lond. A*, 1970, 314.1519: 529-548.

BibTeX   EndNote   RefMan   RefWorks

```
@article{hawking1970singularities,
  title={The singularities of gravitational collapse and cosmology},
  author={Hawking, Stephen William and Penrose, Roger},
  journal={Proc. R. Soc. Lond. A},
  volume={314},
  number={1519},
  pages={529--548},
  year={1970},
  publisher={The Royal Society}
}
```

これを bib ファイルにコピーペーストすれば書誌データが完成です。

論文サイトでは Google Scholar の他にも日本語論文専門の

- CiNii（NII 学術情報ナビゲータ）

  https://ci.nii.ac.jp/
- J-STAGE（科学技術情報発信・流通総合システム）

  https://www.jstage.jst.go.jp/browse/-char/ja

など，多くのサイトで BibTeX 形式での書誌データダウンロードが可能になっています。

第9章

縦 組

■ 9.1 日本語を縦組にする

LATEX では日本語などの縦組が利用できます。縦組と横組とを混在させることも可能です。

縦組にするクラスファイルとしては次のものがあります。

クラスファイル	対応タイプセッタ
tarticle	pLATEX
treport	pLATEX
tbook	pLATEX
utarticle	upLATEX
utreport	upLATEX
utbook	upLATEX
jlreq	pLATEX, upLATEX, LuaLATEX

tarticle, treport, tbook, utarticle, utreport, utbook はいずれもかなり古いクラスファイルです。現在では pLATEX, upLATEX, LuaLATEX のいずれにも対応している jlreq に

```
\documentclass[tate]{jlreq}
```

と tate オプションを付けるのがお勧めです。jlreq に対応していない古いパッケージファイルを併用する場合は tarticle などを使うことになります。

9.1.1 部分的に縦組・横組にする

文書全体を横組にしている環境でも\tate 命令を使うことにより，部分的に縦組にすることができます。横組に戻すには\yoko 命令を使います。横組クラスの中でも縦組の表など縦組専用クラスと同じ環境にするためにはプリアンブルで

```
\usepackage{plext}
```

を指定しておきます。

そして部分的に縦組にする場合，\parbox<t>{1 行の文字数}命令を使って縦組の「箱」を作り，その中に文章を流します。縦組の中で，1 バイトの英数字は横に寝て表示されます。

■ 入力

```
\verb|\parbox<t>{20\zw}{|
```

```
\verb|\setlength{\baselineskip}{18pt}|
```

　　春は曙。やうやう白くな（り）ゆ（く）。山ぎはすこし明かりて、紫だちたる雲の細くたなびきたる。

　　夏は夜。月の頃はさらなり。闇もなお、蛍の多く飛（び）ちがひたる。また、ただ一二
　など、ほのかにうち光りて行（く）もをかし。雨など降るも、をかし。

　　秋は夕暮。夕日のさして、山の端いと近うなりたるに、烏の寝所へ行（く）とて、三四、二三など、飛び急ぐさへ、あはれなり。まいて雁などのつらねたるが、いとちひさく見ゆるは、いとをかし。日入（り）はてて、風の音、虫の音など、はた、言ふべきにあらず。

　　冬はつとめて。雪の振りたるは言ふべきにもあらず、霜のいと白きも、またさらでも、いと寒きに、火など急ぎおこして、炭持てわたるも、いとつきづきし。昼にな（り）て、ゆるくゆるびもていけば、火桶の火も白き灰がちになりて、わろし。

清少納言　『枕草子』より

```
\verb|\setlength{\baselineskip}{16pt}}|
```

■ 出力

春は曙。やうやう白くな（り）ゆ（く）。山ぎ
はすこし明かりて、紫だちたる雲の細くたなび
きたる。

夏は夜。月の頃はさらなり。闇もなお、蛍の多
く飛（び）ちがひたる。また、ただ一二など、ほ
のかにうち光りて行（く）もをかし。雨など降る
も、をかし。

秋は夕暮。夕日のさして、山の端いと近うなり
たるに、烏の寝所へ行（く）とて、三四、二三な
ど、飛び急ぐさへ、あはれなり。まいて雁などの
つらねたるが、いとちひさく見ゆるは、いとをか
し。日入（り）はてて、風の音、虫の音など、は
た、言ふべきにあらず。

冬はつとめて。雪の振りたるは言ふべきにも
あらず、霜のいと白きも、またさらでも、いと寒
きに、火など急ぎおこして、炭持てわたるも、い
とつきづきし。昼にな（り）て、ゆるくゆるびも
ていけば、火桶の火も白き灰がちになりて、わ
ろし。

清少納言　　『枕草子』

そしてまた横組に戻ります。

■ 9.2　数字を横に寝かす連数字

縦組の中で半角英数字アルファベットを使う場合，1桁，2桁であればその部分だけ行
中に横組する連数字という方法を使うのがきれいに仕上がります。3桁，4桁となると和
文1行に収まりませんので，全角数字を使って縦組にするか，半角数字で回転させて表示
することになります。

■ 入力

```
\parbox<t>{160pt}{
\setlength{\baselineskip}{18pt}
  \rensuji{2023}年\rensuji{8}月


{\large 物理学科同窓会のお知らせ}

物理学科卒業生の皆様

拝啓 納涼の候 皆様におかれましてはますますご健勝のことと お慶び申し上げ
ます。

さて、このたび物理学科同窓会を下記のとおり開催する運びとなりました。

御多忙とは思われますが、皆様のご来会をお待ちしております。    敬具

日時：\rensuji{10}月\rensuji{14}日（日）  \rensuji{15}時～\\
場所：カットホテル　鳳凰の間\\
会費：5,000 円\\

なお，参加の方は\rensuji{9}月\rensuji{14}日までに幹事宛にご連絡くだ
さい。
\setlength{\baselineskip}{16pt}}
```

■ 出力

2023年8月
物理学科同窓会のお知らせ
物理学科卒業生の皆様
拝啓 納涼の候 皆様におかれましては
ますますご健勝のこととお慶び申し上
げます。
さて、このたび物理学科同窓会を下記
のとおり開催する運びとなりました。
御多忙とは思われますが、皆様のご来
会をお待ちしております。
　　　　　　　　　　　　敬具
日時：10月14日（日）15時〜
場所：カットホテル　鳳凰の間
会費：5,000円
なお，参加の方は9月14日までに幹事
宛にご連絡ください。

2023年8月
物理学科同窓会のお知らせ
物理学科同窓会のお知らせ
・・・
さて，このたび物理学科同窓会を下記
のとおり開催する運びとなりました。
御多忙とは思われますが，皆様のご来
会をお待ちしております。
　　　　　　　　　　　　敬具
会費：5，000円

「2023」のように4ケタの数字を連数字にするのは無理があるようです。このような長い数字は全角文字を使って「2０２３年」としたほうがきれいに収まります。

▌ 9.3　漢文の返り点

LaTeX が意外に得意としているのが漢文の返り点です。日本製のワープロソフトである一太郎は縦組や漢文も一応考慮されていますが，アメリカ原産の Word や InDesign では，そのための機能はありません。下付文字を使ったり，フィールドコードを入力するなど苦労しているようです。pLaTeX, upLaTeX では藤田眞作さんが作られた sfkanbun パッケージを使うことで漢文に返り点を付けることができます。

LuaLaTeX では gckanbun パッケージを使い，ruby, kaeriten, \okurigana 命令を記述します。プリアンブルに

```
\usepackage[prefix=]{sfkanbun}
```

と宣言します。

ruby{漢字}{ルビ}，漢字{kaeriten}{返り点}，okurigana{送り仮名}で文章中にルビ，返り点，送り仮名がつきます。

　命令が細かく並ぶので手間がかかりますが，すべてテキストで処理できるのですから，ワープロソフトや DTP ソフトで組むよりは簡単でしょう。

▌ 入力

```
\def\baselinestretch{1.2}
\parbox<t>{150pt}{
{\large \ruby{春}{しゅん}\ruby{望}{ばう}  \ruby{杜}{と}\ruby{甫}{ほ
}}\\
\vspace{20pt}
國破\okurigana{レテ}山河在\okurigana{リ}  \\
城春\okurigana{ニシテ}草木深\okurigana{シ}  \\
感\okurigana{ジテハ}\kaeriten{レ}時\okurigana{二}花\okurigana{ニモ}
濺\okurigana{ギ}\kaeriten{レ}涙\okurigana{ヲ} \\
恨\okurigana{ン デ}\kaeriten{レ}別\okurigana{レ ヲ}{鳥}\okurigana{ニ
モ}驚\okurigana{カス}\kaeriten{レ}心\okurigana{ヲ}  \\
烽火連\okurigana{ナ リ}\kaeriten{二}三 月\okurigana{ニ}\kaeriten{一}
  \\
家書抵\okurigana{タ ル}\kaeriten{二}万 金\okurigana{ニ}\kaeriten{一}
  \\
白頭掻\okurigana{ケバ}更\okurigana{ニ}短\okurigana{ク}  \\
渾\okurigana{バ テ}欲\okurigana{ス}\kaeriten{レ}不\okurigana{ラント
}\kaeriten{レ}勝\okurigana{ヘ}\kaeriten{レ}簪\okurigana{ニ}  \par
国破れて\ruby{山河}{さんが}\ruby{在}{あ}り  \\
\ruby{城}{じょう}春にして草木深し\\
時に感じては花にも涙を\ruby{濺}{そそ}ぎ\\
別れを\ruby{恨}{うら}んで鳥にも心を驚かす\\
\ruby{烽火}{ほうくわ}\ruby{三月}{さんげつ}に連なり\\
家書万金に\ruby{抵}{あ}たる\\
白頭\ruby{掻}{か}けば\ruby{更}{さら}に短く\\
  \ruby{渾}{す}べて\ruby{簪}{しん}に\ruby{勝}{た}へざらんと\ruby{欲}{
ほつ}す\\
}
```

■ 出力

春望 杜甫
國破 山河在

城春 草木深
感時 花濺涙
恨別 鳥驚心
烽火連三月
家書抵万金
白頭掻更短
渾欲不勝簪

国破れて山河在り
城春にして草木深し
時に感じては花にも涙を濺ぎ
別れを恨んで鳥にも心を驚かす
烽火三月に連なり
家書万金に抵たる
白頭掻けば更に短く
渾べて簪に勝へざらんと欲す

第10章

より複雑な文書を作る

▎10.1　文字や図の位置を微調整するには

LATEX では，文字や図の位置はそれぞれのドキュメントクラスやオプションの設定に従い，自動的に最適な状態に調整されます。しかし，レイアウト上，どうしても位置をユーザーが調整したい場合が出てきます。そのための技を披露しましょう。

4.12 で説明したように，LATEX では半角スペースと改行は無視されます。2 個以上の半角スペースは半角スペース 1 個分にしかなりません。また半角文字が行末にある時，改行は半角スペース 1 個となります。

これに対して複数の連続した全角スペースはその数だけの全角スペースとなります。全角スペースだけの行を入れれば，その分，空行を空けることができます。そのため全角スペースを使えば位置を強制的に指定するのに使えないことはありませんが，何かの時にレイアウトが崩れたりするなど，美しい方法ではありません。

位置を精密に指定するのには\vspace と\hspace 命令を使います。\vspace は上下方向のスペース，\hspace は水平方向のスペースで，マイナスの値を入れれば逆方向に動かすこともできます。1 文字分マイナスにすれば文字を重ねることができます。

LATEX では文字だけでなく，表や画像も一つの大きな文字（箱）として扱うので，\vspace，\hspace 命令は表や画像に対しても使うことができます。

▎入力

```
■□□□□■□□□□■□□□□■\\
■□□□□■□□□ \hspace{20pt} ■□□□□■

\vspace{1cm}\hspace{10pt}
■□□□□■□□□□■□□□□■\\
○\hspace{-10pt} ／
```

▎出力

■□□□□■□□□□■□□□□■
■□□□□■□□□　　　　■□□□□■

　　　■□□□□■□□□□■□□□□■
∅

10.2 行間隔を調節するには

　行間隔はフォントとフォントサイズによって自動的に調節されます。行間隔と書きましたが，厳密にはそれぞれの文字のベースライン間隔です。和文フォントは高さと幅がどれも同じですが，欧文フォントは文字によって高さも幅も異なります。そのため，基本となるライン，ベースラインを決めてこれに文字を配置します。たとえばフォントサイズが 10 ポイントならばベースライン間隔であるベースラインスキップは 15 ポイントとなっています。

　ベースラインを変更するには\setlength{\baselineskip}{}命令を使います。

■ 入力

```
\setlength{\baselineskip}{30pt}
吾輩（わがはい）は猫である。名前はまだ無い。

どこで生れたかとんと見当がつかぬ。何でも薄暗いじめじめした所でニャーニャー
泣いていた事だけは記憶している。吾輩はここで始めて人間というものを見た。し
かもあとで聞くとそれは書生という人間中で一番獰悪な種族であったそうだ。こ
の書生というのは時々我々を捕えて煮て食うという話である
\setlength{\baselineskip}{16pt}
```

■ 出力

```
　吾輩（わがはい）は猫である。名前はまだ無い。

　どこで生れたかとんと見当がつかぬ。何でも薄暗いじめじめした所でニャー

ニャー泣いていた事だけは記憶している。吾輩はここで始めて人間というものを

見た。しかもあとで聞くとそれは書生という人間中で一番獰悪な種族であったそ

うだ。この書生というのは時々我々を捕えて煮て食うという話である
```

　LATEX ソースファイルの本文中で\baselineskip を変更しても，フォントサイズ変更コマンドが出てくるとそこでベースライン変更は解除され，標準値に戻ってしまいます。
アテ書字体の行送りを設定するためには，プリアンブルに

```
\renewcommand{\baselinestretch}{2}
```
のように記述し，標準値の何倍にするかを指定します。この例では標準値の 2 倍となります。

10.3　1 行の文字数を調節するには

本文全体で 1 行の文字数を設定するには，プリアンブルに

```
\setlength{\textwidth}{20zw}
```
のように指定します。必ず全角文字の文字幅を整数倍した値で指定してください。pt や cm などで任意の長さにすると文字間隔が均等になりません。LuaLATEX では 20\zw のように\zw マクロを使います。

部分的に 1 行の文字幅を変更するのであれば，\parbox{20\zw}{テキスト本文}のように，テキストボックスを作ってオプションで指定します。

■ 入力

```
\parbox{20\zw}{
吾輩（わがはい）は猫である。名前はまだ無い。

どこで生れたかとんと見当がつかぬ。何でも薄暗いじめじめした所でニャーニャー
泣いていた事だけは記憶している。吾輩はここで始めて人間というものを見た。し
かもあとで聞くとそれは書生という人間中で一番獰悪な種族であったそうだ。こ
の書生というのは時々我々を捕えて煮て食うという話である。
}
```

■ 出力

```
　　吾輩（わがはい）は猫である。名前はまだ
無い。
　　どこで生れたかとんと見当がつかぬ。何で
も薄暗いじめじめした所でニャーニャー泣
いていた事だけは記憶している。吾輩はここ
で始めて人間というものを見た。しかもあと
で聞くとそれは書生という人間中で一番獰悪
な種族であったそうだ。この書生というのは
時々我々を捕えて煮て食うという話である。
```

10.4　段組にするには

　文書全体を二段組にするのであれば，ドキュメントクラスのパラメータで

　\documentclass[twocolumn]{jsarticle}

のように [twocolumn] を指定します。

　部分的に多段組にするのであれば multicol パッケージを使います。まず，プリアンブルで

　\usepackage{multicol}

と宣言します。そして段組にしたい箇所を\begin{multicols}{段数}〜\end{multicols}環境で範囲指定します。

入力

```
\begin{multicols}{2}
吾輩（わがはい）は猫である。名前はまだ無い。


どこで生れたかとんと見当がつかぬ。何でも薄暗いじめじめした所でニャーニャー
泣いていた事だけは記憶している。吾輩はここで始めて人間というものを見た。し
かもあとで聞くとそれは書生という人間中で一番獰悪な種族であったそうだ。こ
の書生というのは時々我々を捕えて煮て食うという話である。
\end{multicols}
\begin{multicols}{3}
しかしその当時は何という考もなかったから別段恐しいとも思わなかった。ただ
彼の掌に載せられてスーと持ち上げられた時何だかフワフワした感じがあったば
かりである。掌の上で少し落ちついて書生の顔を見たのがいわゆる人間というも
のの見始であろう。この時妙なものだと思った感じが今でも残っている。
\end{multicols}
\begin{multicols}{4}
第一毛をもって装飾されべきはずの顔がつるつるしてまるで薬缶だ。その後猫に
もだいぶ逢ったがこんな片輪には一度も出会わした事がない。のみならず顔の真
中があまりに突起している。そうしてその穴の中から時々ぷうぷうと煙を吹く。ど
うも咽せぽくて実に弱った。これが人間の飲む煙草というものである事はようや
くこの頃知った。
\end{multicols}
```

■ 出力

　吾輩（わがはい）は猫である。名前はまだ無い。

　どこで生れたかとんと見当がつかぬ。何でも薄暗いじめじめした所でニャーニャー泣いていた事だけは記憶している。吾輩はここで始めて人間というものを見た。しかもあとで聞くとそれは書生という人間中で一番獰悪な種族であったそうだ。この書生というのは時々我々を捕えて煮て食うという話である。

　しかしその当時は何という考もなかったから別段恐しいとも思わなかった。ただ彼の掌に載せられてスーと持ち上げられた時何だかフワフワした感じがあったばかりである。掌の上で少し落ちついて書生の顔を見たのがいわゆる人間というものの見始であろう。この時妙なものだと思った感じが今でも残っている。

　第一毛をもって装飾されべきはずの顔がつるつるしてまるで薬缶だ。その後猫にもだいぶ逢ったがこんな片輪には一度も出会わした事がない。のみならず顔の真中があまりに突起している。そうしてその穴の中から時々ぷうぷうと煙を吹く。どうも咽せぽくて実に弱った。これが人間の飲む煙草というものである事はようやくこの頃知った

10.5　ページ番号を変更するには

　ページ番号は「page」というカウンタ（変数）が管理しており，自動的に 1 ページから増えていきます。途中で強制的にページ番号を変えるには\setcounter{page}{100} のように記述します。このページはページ番号が「100」になります。

　ページ番号の表示（ノンブルといいます）には，標準では「1，2，3…」というようにアラビア数字が使われます。これを他の数字に変更するには\pagenumbering{オプション}命令を使います。オプションには以下の種類が用意されています。

arabic	アラビア数字（標準）	1, 2, 3, 4…
Roman	大文字ローマ数字	I, II, III, IV…
roman	小文字ローマ数字	i, ii, iii, iv…
Alph	大文字アルファベット	A, B, C, D…
alph	小文字アルファベット	a, b, c, d…

\pagenumbering 命令を書くと，そこでページ番号カウンタはリセットされ，そのページは 1 ページとなります。

10.6 文字に色を付けるには

LaTeX で文字やバックに色をつけるには xcolor パッケージを使います。以前の color パッケージの強化版です。

まず，プリアンブルで

\usepackage{xcolor}

と宣言します。xcolor パッケージを使う時には graphicx パッケージも必要です。

色を付けるには，色を変えたい箇所（文字など）の前で\color{色}命令を使います。標準で使用できる色は red, green, blue, brown, lime, orange, pink, purple, teal, violet, cyan, magenta, yellow, olive, black, darkgray, lightgray, white の 19 色です。

\usepackage[dvipsnames]{xcolor}と dvipsnames オプションを付ければ，以下の色が指定できます。色名と，HTML でよく使われる RGB16 進表示を示しました。

色	16 進表示	色	16 進表示	色	16 進表示
Apricot	FBB982	Aquamarine	00B5BE	Bittersweet	C04F17
Black	221E1F	Blue	2D2F92	BlueGreen	00B3B8
BlueViolet	473992	BrickRed	B6321C	Brown	792500
BurntOrange	F7921D	CadetBlue	74729A	CarnationPink	F282B4
Cerulean	00A2E3	CornflowerBlue	41B0E4	Cyan	00AEEF
Dandelion	FDBC42	DarkOrchid	A4538A	Emerald	00A99D
ForestGreen	009B55a	8C368C	Goldenrod	FFDF42	
Gray	949698	Green	00A64F	GreenYellow	DFE674
JungleGreen	00A99A	Lavender	F49EC4	LimeGreen	8DC73EK
Magenta	EC008C	Mahogany	A9341F	Maroon	AF3235
Melon	F89E7B	MidnightBlue	006795	Mulberry	A93C93
NavyBlue	006EB8	OliveGreen	3C8031	Orange	F58137
OrangeRed	ED135AK	Orchid	AF72B0	Peach	F7965A
Periwinkle	7977B8	PineGreen	008B72	Plum	92268F
ProcessBlue	00B0F0	Purple	99479B	RawSienna	974006
Red	ED1B23	RedOrange	F26035	RedViolet	A1246B
Rhodamine	EF559F	RoyalBlue	0071BC	RoyalPurple	613F99
RubineRed	ED017D	Salmon	F69289	SeaGreen	3FBC9D
Sepia	671800	SkyBlue	46C5DD	SpringGreen	C6DC67
Tan	DA9D76	TealBlue	00AEB3	Thistle	D883B7
Turquoise	00B4CE	Violet	58429B	VioletRed	EF58A0
White	FFFFFF	WildStrawberry	EE2967	Yellow	FFF200
YellowGreen	98CC70	YellowOrange	FAA21A		

　色を「混ぜる」ことも可能です。

　{\textcolor{magenta!50!yellow}{この文字は金赤です}

という指定はマゼンタとイエローを 50% 対 50% で混ぜた色で，印刷用語の「金赤」（あざやかな黄赤，黄色みがかった赤）になります。

　{\textcolor[gray]{0.7}{薄いグレー}}

では薄いグレーになります。数値は 0 から 1 までで，0 が黒，1 が白です。

　HTML オプションを付けると Web でよく使われる RGB16 進表示の色指定もできます。

　{\textcolor[HTML]{2D2F92}{ブルーの文字}}

　\textcolor で文字色，\colorbox で下地色，\pagecolor でページ全体の色を指定できます。

▌入力

```
\color{cyan}
\textcolor{Gray}{この文字は灰色です}
```

▌出力

```
　この文字は灰色です
```

　\colorbox{色}{文章}命令は，文字の矩形領域を指定した色で塗りつぶします。

▌入力

```
\colorbox{Gray}{文字の下に灰色を敷きました}
```

▌出力

```
　文字の下に灰色を敷きました
```

　地の色と異なる色で矩形領域を囲むには

■ 入力

> \fcolorbox{Red}{Gray}{灰色地の回りに赤い枠を付けました}

■ 出力

> 灰色地の回りに赤い枠を付けました

と\fcolor{枠色}{地色}{文章}命令を使います。これらを組み合わせれば，黒地に白抜き文字なども作れます。

■ 入力

> \colorbox{Black}{\textcolor{White}{黒地に白抜き文字}}

■ 出力

> 黒地に白抜き文字

10.7　複数ソースファイルをまとめるには

　短いレポートや論文のように，1本のソースファイルだけで文書全体ができているのではなく，論文集，書籍など複数のソースファイルをまとめて1冊の形にすることがあります。本書も章ごとに原稿を分割して執筆し，後でまとめています。

　このための命令が\include です。

　まず，全体構成を把握するメインファイルを1本作ります。仮に「main.tex」というファイル名にしましょう。この main.tex の内容は，\documentclass から始まり，各種パッケージを読み込み，\begin{document}があって最後は\end{document}となっています。通常の tex ファイルと同じです。しかしこのファイルに文書は書きません。

　一方，読み込まれる章単位などの子ファイルには\documentclass や\begin{documnet}といった命令は記載しません。\chapter などの命令から文書を書いていきます。最後は\end{document}などの終了命令はありません。

　そしてメインファイルに\include{1syou}といったファイル名を書き込み，子ファイ

ルをその場所に読み込みます。

　ただし論文のように短いものでは，特に指定がない限り 1 本の原稿にまとめるべきです。章ごとに別ファイルにして\include 命令で読み込むのは，後処理の手間が増えます。

　単行本の場合だと，main.tex の中身は次のようになります。

```
\documentclass[b5var]{jsbook}
\usepackage{otf}
\usepackage[T1]{fontenc}
\usepackage[utf8]{inputenc}

…

\begin{document}
\frontmatter
\include{copyright}
\include{hajimeni}
\tableofcontents
\mainmatter
\include{1syou}
\include{2syoul}

…

\appendix
\include{info}
\backmatter
\printindex
\include{okuduke}
\end{document}
```

　ポイントとなるのは，次の命令です。

- \frontmatter
  冒頭ページから目次までの指定で，標準ではノンブルがローマ数字（i，ii，iii，iv…）になります。\chapter で「第○章」および章番号が付きません。\chapter{はじめに}と書くと「はじめに」と出力されます。
- \include

別ファイルを読み込みます。拡張子「.tex」は付けません。

- \tableofcontents

  目次を出力します。

- \mainmatter

  ここから本文です。ノンブルがアラビア数字（1, 2, 3…）になり，番号が 1 か
  ら再スタートします。

- \appendix

  「付録」の部分です。\chpater で番号が「付録 A」,「付録 B」となります。
  \chapter{リンク集}と書くと「付録 A　リンク集」のように出力されます。

- \backmatter

  後付け部分です。章番号が付かなくなります。\chapter{あとがき}と書くと「あ
  とがき」と出力されます。

- \printindex

  索引を挿入します。

　main.tex でタイプセットを実行すると，include されている子ファイルが呼び込まれ
て全体として 1 本の main.dvi, main.pdf が出力されます。間違えて子ファイル側でタイ
プセットしようとすると，\documentclass も\begin{document}もないので，エラーに
なります。

　TeXworks を使っているのであれば，子ファイルの先頭に

```
%!TEX root = main.tex
```

と記述しておけば，子ファイル側でタイプセッタを実行しても main.tex から実行してく
れます。

第11章

マクロ

■ 11.1　マクロ

　LATEX ではいつも使う命令や複雑な命令を組み合わせ，一つの短い命令を作ることができます。これをマクロといい，ファイルとして保存しておけばいつでも再利用することができます。

　そもそも，LATEX は基本的な機能しか持っていない TEX の命令を組み合わせ，簡単に実用的な文書が作成できるように拡張したマクロパッケージです。

　たとえば会社から送る文書に入れる会社名や住所など数行にわたる内容でも，マクロにしておけば一言で済んでしまいます。

　LATEX ソースファイル中に

■ 入力

```
\newcommand{\会社住所}
{
\begin{flushright}
{\Large{株式会社エルデ}}\\
〒1620821　東京都新宿区津久戸町 3-19\\
Tel. 03-6265-3123　Fax. 03-6265-3124\\
mail　info@erde.co.jp
\end{flushright}
}
```

と書いておきます。そして会社名，住所を表示したい場所に\会社住所と書けば，そこに

■ 出力

株式会社エルデ

〒1620821　東京都新宿区津久戸町 3-19

Tel. 03-6265-3123　　Fax. 03-6265-3124

mail　info@erde.co.jp

と表示されます。\newcommand でもマクロを定義することができます。\def の場合は\def 会社{\begin…}のように書き，マクロ名をカッコでくくりません。

11.2 引数を取るマクロ

上で作った\会社住所マクロは内容が固定されていますが，内容を部分的に空白にしておいて，使用時に引数を与え内容を変化させるマクロを定義することができます。これは以下のように記述します。\newcommand{\マクロ名}[引数の数]{マクロの定義内容}

そして，引数を取る部分には#1，#2のように「#」を埋め込んでおきます。

たとえば会員向け文書の送付状で，引数として会員番号と氏名を取るマクロを作ってみましょう。

\newcommand{\会員}[2]{\\\textbf{会員番号{#1}}{\\\Large{#2 様\\}}

これで

■ 入力

```
\会員{0001}{ドナルド・E・クヌース}
```

と記述すれば

■ 出力

会員番号 0001

ドナルド・E・クヌース 様

と出力されます。引数は9個まで取ることができます。

11.3 マクロを定義しなおす

\newcommand や次に述べる\newenvironment を使ってマクロを定義した時，すでに同じ名前のマクロがあると LaTeX でタイプセットしたときに

```
! LaTeX Error: Command \会員 already defined.
               Or name \end... illegal, see p.192 of the manual.


See the LaTeX manual or LaTeX Companion for explanation.
Type  H <return>  for immediate help.
 ...

l.1158 ...textbf{会員番号{#1}}{\\\Large{#2 様\\}}}
```

のようにエラーが出て処理が止まってしまいます。\newcommand や\newenvironment で
はなく\def で定義するとエラーは出なくて後から定義したマクロが有効になります。

　間違えてマクロを重複定義したり，既存のマクロを書き換えてしまわないよう，使われ
てないことが明らかでなければ重複チェックをしてくれる\newcommand を使ったほうが
いいでしょう。

　すでにある命令を再定義したいことがあります。他のマクロの中でその名前が使われて
おり，勝手に新しい名前を付けられないような場合です。この時は\newcommand の代わ
りに\renewcommand を使います。

　未定義命令に対して\renewcommand を使うと，今度は

! LaTeX Error: 新会員 undefined.

というエラーメッセージが出て処理が止まります。

　なお，マクロに付けることができる名前には以下のような制限があります。

　　1. 欧文文字
　　2. 和文文字
　　3. 数字 1 文字

　欧文文字では大文字と小文字は別の名前として区別します。数字は 1 文字だけなら使え
ますが二桁や他の文字と組み合わせることはできません。また記号を含む名前も使えませ
ん。すなわち\1 という名前は使えますが\10 や\Q1，\Q_AND_A といった名前はエラーに
なってしまいます。数字や記号を含むマクロ名を定義したいならば\Q1 や\Q ＿ AND ＿ A
のように，全角数字，全角記号を使えば可能です。

11.4　既存のマクロを再利用する

　新しいマクロを作るときに，現在あるマクロ（LaTeX の命令はマクロの集まりです）を
再利用したい場合があります。たとえば見出し命令を付ける\section で出力される見
出しはシンプル過ぎるから，もうちょっと飾りを付けたいというような場合です。この
\section というコマンドは，C:\texlive\2022\texmf-dist\tex\latex\jlreq フォ
ルダーにある jlreq.cls というファイルで以下のように定義されています。

```
\NewBlockHeading{section}{1}
{font={\jlreq@keepbaselineskip
{\Large\sffamily\verb|\gtfamily\bfseries}},
lines=3,after_label_space=1\jlreq@zw,second_heading_text_indent=
{-1\jlreq@zw,1\jlreq@zw},subtitle_font=
{\jlreq@keepbaselineskip{\normalsize}}}
```

　本格的に見出しのスタイルを変更するのであれば，この部分を定義しなおす必要がありますが，それは本書のレベルを超えてしまいます。

　単純に色を変えたり，飾りを付けたいというのであれば，\section 命令を元に \newcommand で新しい命令を作ればいいのです。

```
\newcommand{\セクション}[1]{\textcolor{Red} %
{\section {#1}} \vspace{-20pt} \hspace{-10pt} %
\rule{\textwidth}{1pt}\par}
```

　このようにプリアンブルに書き，

■ 入力

```
\セクション{新しい見出しスタイル}
```

とすれば，赤い文字で下に 1pt の太さのラインが引かれた見出しが作られます。

■ 出力

12.5　新しい見出しスタイル

そして，この\セクション命令は\section 命令を基本にしているため，見出し番号が振られたり，目次に自動的に掲載されるなど，\section 命令の機能を利用できます。

11.5　環境を定義する

　\begin{itemize}\item …\end{itemize}のような命令を環境といいます。これもマクロの一種ですが，\newcommand ではなく \newenvironment で定義します。

　書き方は\newenvironment{名前}{はじめの命令}{終わりの命令} となります。たとえば，番号付き個条書きで「第 1 条」「第 2 条」のようになるマクロを定義するには以下のように記述します。

```
\newenvironment{定款}%
{\renewcommand{\labelenumi}{第{\theenumi}条}%
\begin{enumerate}}
{\end{enumerate}}
```

▍入力

```
\begin{定款}
\item 本会は\TeX 研究会と称する。
\item 本会は事務所を東京都新宿区に置く。
\end{定款}
```

▍出力

第 1 条 本会は TEX 研究会と称する。
第 2 条 本会は事務所を東京都新宿区に置く。

▍11.6　制御をするマクロ

　LATEX のマクロも他のプログラム言語と同様，内部で計算や条件分岐といった処理ができます。

　たとえば\ifcase〜\fi を使えば整数値による条件分けができます。

\ifcase 0 の場合 \or 1 の場合 \or 2 の場合\or 　…
\else それ以外の場合 \fi

となります。

　例として，パソコンの日付から「月」を読み，それによって古語，英語，ドイツ語の表記を出力するマクロです。月の場合，0 はないので「0 の場合」は省略していきなり\or から始まっています。

▌入力

```
\newcommand{\今月}{%
今月は\number\month 月です。日本の古い言葉では
\ifcase\month\or 睦月（むつき）\or 如月（きさらぎ）\or 彌生（やよい）\or 卯
月（うづき）\or 皐月（さつき）\or 水無月（みなづき）\or 文月（ふみづき・ふ
づき）\or 葉月（はづき）\or 長月（ながづき）\or 神無月（かんなづき）\or 霜
月（しもづき）\or 師走（しわす）\fi
といい，英語では
\ifcase\month\or January\or February\or March\or April\or May\or
 June\or July\or August\or September\or October\or November\or
 Decenber \fi，ドイツ語では
\ifcase\month\or Januar\or Februar\or M\"{a}rz\or April\or Mai\or
Juni\or Juli\or August\or September\or Oktober\or Nobember\or
Dezember \fi
といいます。
}
```

これで，\今月と書けば

▌出力

```
今月は 7 月です。日本の古い言葉では文月（ふみづき・ふづき）といい，英語では
July，ドイツ語では Juli といいます。
```

と出力されます。

▌11.7　マクロ集を作る

　これらのマクロは LaTeX ソースファイル中に書いてもいいのですが，よく使うマクロは
マクロ集として保存しておけば，いつでも再利用することができます。マクロ集ファイル
は拡張子が「．sty」である必要がありますが，名前は重複しなければ自由に付けること
ができます。たとえば mymacro.sty という名前で新規文書を作り，マクロをコピーして
保存します。

　保存する場所は TeX ソースファイルと同じフォルダーか

`C:\usr\local\share\texmf\ptex\platex`

の下に置きます。

　そして LaTeX ソースファイルのプリアンブルで

　`\usepackage{mymacro}`

と宣言すれば，文書中そのマクロを利用できるようになります。

　インターネットで検索すれば，さまざまな用途・目的のためのマクロが公開されています。こういったマクロもダウンロードして同じように利用することができます。

第12章

フォントを使う

■ 12.1　コンピューターと漢字

　私たちは通常，漢字仮名混じりの和文を基本として使っています。これにはアルファベットや数字も入りますが，アルファベットといっても英語（米語）のアルファベットが一般的です。

　しかし，ヨーロッパの国ぐには英語とは異なるアルファベットを使っています。漢字にしても，日本の漢字と中国本土で使われる漢字，台湾で使われる漢字は共通のものもあれば異なるものもあります。さらに世界にはアラビア文字のように右から左へ書かれるものもあります。

　そもそもコンピューターで扱える文字は英語のラテンアルファベットといくつかの記号，つまり A から Z までの大文字，a から z までの小文字，0 から 9 までの数字，それに「. , ? @」などのいくつかの文字だけでした。

　これらの文字はアメリカの規格団体 ANSI によって 7 ビットのコード体系である ASCII（アスキー）として制定されています。ASCII をヨーロッパ言語に拡張したのが ISO 646 で，アクセント記号付き文字や各国通貨記号などを使うことができるようになっています。

　日本でパソコンを使う上には仮名や漢字が扱えなければなりません。パソコン以前，汎用コンピューターや新聞社の漢字鑽孔機ではそれぞれメーカごと独自のコードが使われていましたが，これを統一した規格にしなければ普及しません。

　まず，1976 年に JIS X 0201 という文字コードが制定されました。これは文字の形としてラテンアルファベットは ASCII をほぼそのまま使い（バックスラッシュ「\」が「¥」に，ティルダが「￣」に置き換えられていますが），さらに片仮名 63 文字を追加した 8 ビットコード体系です。文字の種類を減らすためか濁音と半濁音の文字がなく，「゛」「゜」と組み合わせて「ガ」「パ」のように 2 文字で構成します。JIS X 0201 は 1 バイトで片仮名だけではあるものの，日本語をなんとか表すことができたので，初期の 8 ビットパソコンでは広く使われました。

　パソコンで漢字が汎用的に使えるようになったのは 1978 年に制定されたのは JIS X 0208 からです。JIS X 0208 は当用漢字をはじめ，国土行政区画総覧使用漢字や日本生命漢字などに制定されている漢字を含む 6,879 文字（現行規格）からなります。

　JIS X 0208 は当用漢字など使用頻度が高い漢字からなる第 1 水準漢字 2,965 文字と，それ以外の第 2 水準漢字 3,384 文字に分かれています。初期のパソコンやワープロ専用機はコストを抑えるために第 1 水準漢字しか持っておらず，第 2 水準漢字はオプションなどというものもありましたが，現在では 6,349 文字すべてを扱えるはずです。

　JIS X 0208 は何度か改定され，一部の文字が入れ替わったり，形が変わりましたが，これですべての行政地名と人名が表示できるはずです。ところが実際には森鷗外の「鷗」や草彅剛の「彅」，髙島屋の「髙」など表せない漢字があります。日本で使われたことがあ

る漢字は数万字ともいわれ，人文系分野などでは JIS X 0208 の 6 千文字ではとうてい足りません。

　そこで 1990 年に 6,067 文字からなる JIS X 0212 補助漢字が制定されました。さらに 2000 年には JIS X 0208 に 4,286 文字を加えた JIS X 0213:2000 が制定されました。ここで追加された文字は第 3 水準漢字，第 4 水準漢字とも呼ばれます。JIS X 0213 では，JIS X 0208 で未定義だったためにメーカが勝手に記号などを拡張した機種依存文字を廃止し，逆にまる付き数字やまる付き記号などよく使う文字を定義しました。

12.2　JIS・シフト JIS・EUC

　JIS X 0208 とか JIS X 0201 というのは文字の形を決めて番号をふった表，コードセットというものです。コンピューターが実際にデータとして漢字を扱うためにはさらに一工夫する必要があります。パソコンがそのまま扱えるデータは 7 ビットの ASCII であり，JIS X 0208 など多バイト文字を扱うためにいくつかのエンコード体系が作られました。それが JIS コード（正式には ISO 2022-JP），シフト JIS コード，EUC コードなどです。すでにパソコンでは JIS X 0201 が使われており，JIS X 0208 と共存できることから，MS-DOS でシフト JIS が標準となりそのまま Windows でも Mac OS でも採用されました。UNIX では EUC が，7 ビットしか通らないインターネットの電子メールなどでは JIS コードが標準となっています。

　JIS，シフト JIS，EUC とも基本的には同じコード体系であり，相互に簡単に変換することがで同じ文字を表示することができます。ところが，シフト JIS ではパソコンベンダーによって勝手に拡張が加えられ，機種が異なると表示できない，あるいは違う文字や記号が表示されてしまう機種依存文字ができてしまいました。たとえば①，②，㈱などの記号は Windows では表示できますが，macOS や UNIX では表示されなかったり，別の文字が表示されます。

　また，シフト JIS では扱える文字の数が限られているため，人名，地名，固有名詞が正しく表示できないという問題もあります。パソコンやワープロ専用機が単体で，文書清書機や宛名印刷機として使われているならば，シフト JIS の空き領域に外字を登録する方法でも良かったのですが，ネットワークでおたがいにつながるようになると，個々のマシンで異なる外字は使用できません。

　漢字文化圏として共通性が高い Chinese（中国語），Japanese（日本語），Korean（韓国語）の 3 カ国語を総称して CJK と呼びます。漢字という共通（異体字も多いですが）文字を使うにもかかわらず文字コード体系が違うため，同じ漢字を表示することもできないという問題もあり，OS やアプリケーション，コミュニケーションの国際化を進めるのに障害となってきました。

12.3　Unicode へ

　そこでこれまで各国ばらばらであった文字コードをすべて含んで共通化しようという構想で制定されたのが Unicode です。Unicode はマイクロソフト，アップル，アドビ，IBM，ジャストシステムなど有力コンピューター関連企業が参加する Unicode コンソーシアムで規格化が進められました。民間企業が先行した標準ですが，現在ではほぼ同じ内容が ISO/IEC 10646 として国際規格，JIS X 0221 で JIS 規格にもなっています。

　Unicod は縦 256，横 256 の大きな表を作り，ここに 256×256=65,536 個の文字を収録しています。1 文字は 16 ビット長で表されます。シフト JIS では「A」は「0x41」というコードですが，Unicode では「0x0041」になります。

　しかし，65,536 個ではアジア圏で使われているすべての漢字を登録するにも不足してしまいます。そこで縦横 256 の 65,536 文字を第 0 面とし，さらに 16 面を追加することで111 万 4,112 文字を符号化する UTF-16 という拡張が行われました。またインターネット用には UTF-8 という規格もあります。

　Unicode はアメリカ中心に制定された規格であり，アジア各国の文字を取り扱うのはもともと無理だ，といった批判があります。しかし，Windows2000/XP，MacOS9 以降は Unicode が使われており，スマートホンの Android，iOS も Unicode です。

12.4　Type1 フォントと TrueType フォント

　パソコンで使われるデジタルフォントには，大きく分けてビットマップフォントとアウトラインフォントがあります。

　ビットマップフォントは文字を細かく格子に区切り，1 コマを黒か白かで塗ったものと考えればいいでしょう。決まったサイズで表示するにはきれいで早いのですが，拡大するとギザギザが目立ってしまいます。

　アウトラインフォントは文字の線を数学的な曲線の情報で記述したフォントです。拡大してもギザギザが出ないため，きれいに表示・印刷できます。Windows や macOS では標準的に使われています。

　アウトラインフォントにはフォーマットがいくつかあります。代表的なものとしてはPostScript フォントと TrueType フォントの 2 種類が上げられます。

　アメリカのアドビシステムズはページレイアウト言語として PostScript を開発しました。PostScript の書式で文字を数値化しているのが PostScript フォントであり，Type1フォントというフォーマットのものです。

　和文用の Type1 フォントとしてはモリサワの明朝体のリュウミン L，中ゴシック BBB，太ミン，太ゴ，じゅん 101 といった基本 5 書体をはじめ，さまざまなフォントがリリースされています。

　Type1 フォントに対抗してアップルとマイクロソフトなどが開発したアウトラインフォントが TrueType フォントです。Mac OS では DTP 用として Type1 が主流となりましたが，Windows では TrueType が主流となりました。

　最初，モリサワの Type1 フォントは OCF フォントという形式でした。これは画面表示用の低解像度フォントと，印刷用の高解像度フォントが別売になっており，きれいな印刷を行うためには高価な高解像度フォントを購入して PostScript プリンターの内蔵ハードディスクにダウンロードしなければなりませんでした。また，プロテクトがかけられていてアウトラインが作成できないとか，PDF に埋め込むことができないといった制約がありました。現在はアウトライン化の制限がない CID フォント形式になっています。

　一方，TrueType は画面表示用フォントとプリンターフォントといった区別がなく，アウトライン化も自由に行えます。ところが日本では和文 TrueType フォントに高解像度プリンターへの出力ができないという制限がかけられてしまいました。プリンター用の高解像度フォントもリリースされていません。

　その結果，DTP には Type1 フォントでなければということになり，DTP = Macintosh の図式ができあがったのです。

　1995 年には解像度制限が廃止された TrueType Open がリリースされ，96 年には PostScript フォントもサポートした Open Type が発表されました。現在では多くのフォントが OpenType フォントとなっています。Linux でも OpeyType が標準的に使われています。

　これで LATEX に限らず，マルチプラットフォームに対応した Adobe inDesign など OS に制限されずに組版，DTP ができるようになりました。

12.5　Adobe-Japan グリフセット

　アドビはページ記述言語 PostScript やマルチプラットフォームでのドキュメント交換フォーマットである PDF を制定するなど，DTP 分野ではリーダー的な存在です。そのため，アドビが制定したグリフセットが世界各国でデジタルフォントのデフォルトスタンダードとなっています。フォントを作るメーカは，グリフと文字コードの対応を Adobe グリフセットに準じて行い，それぞれオリジナルのデザインを加えればいいのです。

　アドビは日本では Adobe-Japan 1 というグリフセットを発表しています。Adobe-Japan 1 は 8,284 グリフを収録した Adobe-Japan 1-0 から順次グリフが追加されており，現在は Windows のシステム外字の一部を追加した合計 8,720 グリフの Adobe-Japan 1-2，非漢字の半角や縦組み用グリフを含む合計 9,354 グリフの Adobe-Japan 1-3，モリサワなどフォントメーカーと協力し，DTP 用の文字を強化した合計 15,544 グリフの Adobe-Japan 1-4，JIS X 0213 を収録した合計 20,317 グリフの Adobe-Japan 1-5 までがあります。

　OpenType フォントで Std（スタンダード）は Adobe-Japan 1-3, Pro は Adobe-Japan 1-4 に対応しており，mac OS 付属のヒラギノ Pro は Adobe-Japan 1-5 に対応しています。

12.6　LATEX でフォントを指定する

　pLATEX, upLATEX ではフォントの指定に NFSS2 という方式を採用しています。これはエンコード，ファミリー，シリーズ，シェイプ，サイズという 5 種類のパラメータで書体を指定します。

12.6.1　エンコード指定

　文字のコードと文字の割り当ての違いです。

　従来の LATEX では 7 ビットの OT1(Old Text) エンコーディングが使われてきました。これでは足りない文字が多いため，主にヨーロッパ言語の文字を拡張した 8 ビットの T1 コーディングなどが制定されています。日本語では横組み用の JY1 コーディング，縦組み用の JT1 コーディングなどがあります。

　エンコード指定はプリアンブルに以下のコマンドを記述します。

```
\usepackage[エンコード名]{fontenc}
\usepackage{textcomp}
```

12.6.2　ファミリー指定

　文字の形，いわゆるフォントによる指定です。標準的なファミリーとして欧文ではローマンファミリー，サンセリフファミリー，タイプライタファミリーがあり，和文では明朝体とゴシック体があります。

　文章中でファミリー指定を変更するには以下のコマンドを記述します。

{\rmfamily 文章}	あるいは	\textfm{文章}	Roman Family ローマンファミリー
{\sffamily 文章}	あるいは	\textsf{文章}	Sans Serif サンセリフファミリー
{\ttfamily 文章}	あるいは	\textttt{文章}	Typewriter タイプライタファミリー
{\mcfamily 文章}	あるいは	\textmc{文章}	明朝体
{\gtfamily 文章}	あるいは	\textgt{文章}	ゴシック体

ここにあげたのはもっともポピュラーなファミリーに過ぎません。実際にはファミリー（フォント）には膨大な種類があります。OS に標準で添付されているもの，LATEX のパッケージに添付されているもの，フリーのもの，有料のものなどさまざまです。

まず，欧文書体は大きく分けてローマン体，サンセリフ体，タイプライタ体に分けられます。

ローマン体はセリフ体とも呼ばれ，線の端にひげ飾り（セリフ）が付いているのが特徴です。LATEX で標準の欧文書体に使われている書体です。

サンセリフとは「セリフなし」という意味で，ひげ飾りがなく，縦横の線がほぼ同じ太さです。サンセリフ体をゴシック体と呼ぶこともありますが，ゴシック体は本来ドイツの古い活版書体のことであり，サンセリフ体＝ゴシック体ではありません。

タイプライタ体はどの文字も同じ幅（等幅）であり，コンピューターの入力画面やプログラムリストなどに使われます。

LATEX ではローマン体，サンセリフ体，タイプライタ体ともそれぞれ Knuth 教授が作成した Computer Modern Roman（cmr），Computer Modern Sans Serif（cms），Computer Modern Typewriter（cmt）が標準となっています。

これ以外には手書き風のスクリプト体，各種記号や音符などを表示するパイフォントといったものがあります。

和文文字は明朝体とゴシック体が基本です。明朝体は縦線が横線より太く，横線の右端にウロコという三角形の飾りがあります。ゴシック体はサンセリフ同様，ひげ飾りがない書体です。この他に楷書体，草書体，行書体，隷書体などの伝統書体，まる文字やへた字，勘亭流などの特殊な書体があります。

12.6.3　シリーズ指定

文字の線の太さで分けた指定です。ミディアムシリーズとボールドシリーズがあります。文章中でシリーズ指定を変更するには以下のコマンドを記述します。

```
{\mdseries 文章}　あるいは　\textmd{文章}　　Midium ミディアム
{\bfseries 文章}　あるいは　\textbf{文章}　　boldface ボールド
```

文字の線の太さと幅がシリーズです。太さはウェイトともいいます。見出しなどで大きな文字を使う場合，単に文字を拡大しただけではインパクトが弱くなってしまいます。また，ソフトウェアが機械的に線を太くしてもバランスが崩れます。そこで線の太さが異なる書体が用意されています。文字幅は機械的に狭くしたり広げたりすることもできますが（写植ではレンズを使って長体，平体などを作ってました），あらかじめ幅を想定してデザインした書体もあります。

12.6.4　シェイプ指定

文字の立ち方で分けた指定です。立体，イタリック体，スモールキャップ体，斜体があります。文章中でシェイプ指定を変更するには以下のコマンドを記述します。

{\upshape 文章}	あるいは	\textup{文章}	Upright 立体
{\itshape 文章}	あるいは	\textit{文章}	*Italic* イタリック体
{\slshape 文章}	あるいは	\textsl{文章}	*Slanted* 斜体
{\scshape 文章}	あるいは	\textsc{文章}	SMALL CAPS スモールキャップ体

欧文で標準的な文字の形が立体です。これを機械的に傾けたのが斜体であり，最初から傾いた文字としてデザインされたのがイタリック体です。斜体とイタリック体は異なる文字です。スモールキャップは小文字を大文字と同じ形にした書体です。

　和文ではイタリック体とスモールキャップ体は存在しません。

12.6.5　サイズ指定

　文字の大きさ指定です。LATEX では\small や\Large といった相対的な指定方法と数値による指定とができます。数値では pt（ポイント）という単位が一般的に使われていますが，ミリやインチでも指定できます█ 入力

```
{\fontsize{20pt}{9mm}\selectfont
フォントサイズが 20 ポイント\\
行送りが 9mm（約 26pt）になります。}
```

■ 出力

> フォントサイズが20ポイント
> 行送りが9mm（約26pt）になります。

12.7　新しいフォントメトリック

LATEX ではフォントメトリックという，文字の幅やカーニングなどの情報に基づいて組版します。欧文ではフォントごとに異なるフォントメトリックを持っています。しかし，和文では明朝とゴシックでも，一部の記号などを除けばすべてが同じ正方形の BOX に収まっており，フォントメトリックは共通です。

そして，表示しようとする環境で該当するフォントがなければ，別のフォントを持ってきて出力します。

これまで，和文のフォントメトリックとしてはアスキーが LATEX を日本語化した際に作った minx.tfm, gothx.tfm（x には min10.tfm のようにフォントサイズを表す数字が入ります）が使われてきました。この min・goth フォントメトリックシリーズは記号や促音，拗音などの間隔が妙に詰まってしまうなどの不具合があり，これを使っているとどうしてもきれいな組版はできません。

1995 年，TeX 印刷のパイオニアである東京書籍印刷，現リーブルテックの小林肇さんが JIS X4051:1995「日本語文書の行組版方法」に基づいた和文フォントメトリックとして jis.tfm, jsg.tfm などを作成しました。

さらに齋藤修三郎さんが jis.tfm・jsg.tfm をベースに Unicode 対応で OpenType フォントを使う otf パッケージを開発し，新しいフォントメトリックも作成されました。

今後は，特に指定がない限り，jis フォントメトリックや otf フォントメトリックを使用した方が，きれいな文字組みを実現できます。

jis フォントメトリックを使うには奥村晴彦さんが開発したドキュメントクラス jsarticle, jsreport, jsbook を利用するのが便利です。これらのドキュメントクラスは TEXLive に収録されています。

12.8　otf パッケージ

ここでは齋藤修三郎さんの otf パッケージを使う方法を解説します。otf パッケージは名前のとおり，Unicode と OpeyType フォントを使うパッケージです。otf パッケージは LATEX 2ε の標準インストールでインストールされます。

　Type1 フォント，TrueType フォントを統合し，Windows でも macOS でも使えるフォントとして Adobe Systems と Microsotf によって開発されたのが OpenType フォントです。OpenType フォントはプリンターフォントを持たない，アウトライン化の制約がないという TrueType フォントの柔軟さを持ち，Type1 フォントのように DTP で実用になるという特徴を持っています。まだ OpenType を扱えるアプリケーションは少なく，その機能をフルに使えるのは商品でも Adobe の InDesign CC，Illustrator CC ぐらいしかありませんが，LATEX では otf パッケージを組み込むことで利用可能になります。

　otf パッケージでは実際に OpenType フォントがインストールされていない環境でも，MS 明朝や MS ゴシックなど TrueType フォントを使って多書体，異体字を表示できます。JIS コードで表せない文字は，16 ビットの Unicode 範囲ならば Unicode の UTF 番号で，16 ビット Unicode では表せない Adobe-Japan1-5 のグリフは CID 番号で記述します。ただし CID 番号で記述した文字は Windows 用の dviout では表示できません。

　otf パッケージを使うメリットは Unicode が利用できる，OpenType フォントが使えるというだけではありません。実際問題として普段書く文書で Unicode でなければ表示できない異体字を扱うことは少ないでしょうし，Windows 用の OpenType フォントはまだあまり普及していません。macOS でのヒラギノフォントのように OS にバンドルされ無料で利用できるようにはなっていません。

　それよりも美しい組版が得られる新しいフォントメトリックが使えるということが，現時点で最大のメリットでしょう。

　前にも述べたように古い min/goth フォントメトリックでは拗音が続いた場合に文字がくっつきすぎるというバグがあり，全角約物の幅も不自然です。jis フォントメトリックではこれらの文字幅は改善されましたが，全角文字の幅が高さより大きい長方形のデザインになっています。

　otf パッケージのフォントメトリックは和文全角文字の高さと幅が等しい正方形デザインになっています。また，一般的な Type1 フォント同様，高さとベースラインが 880:120 になっています。

　TEXLive 2022 には otf パッケージが収録されており，自動的にインストールされます。
　otf パッケージはプリアンブルで以下のように宣言して使用します。

\usepackage[オプション]{otf}

　オプションとしては次の四つがあります。

noreplace　新しい和文フォントメトリックを使用せず，標準のフォントメトリック
　　　　（min/goth など）を使用します。

deluxe　細い明朝体と太い明朝体，細いゴシック体と太いゴシック体，丸ゴシック体の 5
　　　　つの書体を使えるようにします。

bold　標準でゴシック体をすべて太いゴシック体にします。

multi　中国本土などで使われる簡体字，台湾などで使われる繁体字，ハングルが利用で
　　　　きるようになります。

第13章

ページレイアウト

13.1　標準的なスタイル

LaTeX ではいくつかのドキュメントクラスファイルが用意されており，クラスオプションで用紙サイズや文字の大きさ，段組などを指定できます。用紙サイズや文字の大きさに応じて適したページレイアウトも自動的に決まってきます。標準的にはデフォルトのページレイアウトを使えばいいのですが，ページレイアウトを変更したくなる場合も出てくるでしょう。

ここではまず，既存のクラスファイルを基にしてレイアウトを変更する方法について解説します。

13.2　LaTeX のページレイアウト

LaTeX ではページレイアウトはそれぞれ以下のパラメータで管理しています。

ページ面は出力ページ 1 ページ全体です。ページの高さである\pageheight とページの幅である\pagewidth で定義されます。

ヘッダは章番号や章タイトルなど「柱」（はしら）を出力する部分です。上からの空きである\topmargin とヘッダの高さである\headheight で定義されます。

本文領域は本文を出力する部分です。高さである\textheight と横幅である\textwidth で定義されます。

フッタはページ下でノンブル（ページ番号）などを出力する部分です。サイドマージンは左の余白です。偶数ページと奇数ページによって異なります。欄外は傍注などを出力する部分です。本文領域との空きである\marginparsep と幅である\marginparwidth で定義されす。

書籍では用紙を綴じてある部分を「のど」といいます。のどの左右にあるスペースが「のどあき」です。綴じてない方を「小口」（こぐち）といいます。もともとは料理の「小口切り」のように端を切ることをいいます。書籍は大きな紙に何ページかをまとめて印刷し，折りたたんでのどを綴じ，小口側を切り落とすからです。

のどあきが狭すぎると，内側に来る文字が読みにくくなります。

縦書きと横書きではページをめくる方向が違うので，奇数ページと偶数ページでのどがページの右にくるのか左にくるのかが違ってきます。通常，縦書きの本は右開きといい，ページを右にめくります。開いたときに偶数ページが右，奇数ページが左にきます。そして横書きの本は左開きといい，偶数ページが左，奇数ページが右にきます。そのためサイドマージンも偶数ページ用の\oddsidemargin と奇数ページ用の\evensidemargin があります。

用紙下の余白と用紙右の余白を明示的に設定するパラメータはありません。この二つは用紙の高さと幅，本文領域の高さと幅が決まれば自動的に決まるからです。

13.3 パラメータを見るには

使用するクラスファイルやクラスオプションによってページレイアウトのパラメータは違ってきます。また，ユーザーが設定を変更すれば当然ながら変わってきます。これらを一度に表示してくれるのが layout パッケージです。

使い方はプリアンブルで

`\usepackage{layout}`

と記述し，レイアウトを表示させたい箇所に

`\layout`

と書くだけです。

これで次の出力が得られます。

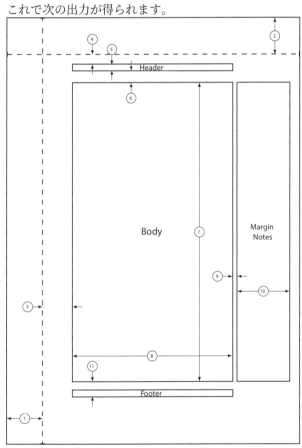

1	one inch + \hoffset	2	one inch + \voffset
3	\oddsidemargin = 62pt	4	\topmargin = 20pt
5	\headheight = 12pt	6	\headsep = 25pt
7	\textheight = 592pt	8	\textwidth = 327pt
9	\marginparsep = 10pt	10	\marginparwidth = 106pt
11	\footskip = 30pt		\marginparpush = 5pt (not shown)
	\hoffset = 0pt		\voffset = 0pt
	\paperwidth = 597pt		\paperheight = 845pt

13.4　パラメータを変更するには

　ページレイアウトのパラメータは上の図のような関係になっています。まず，天と左から 1 インチずつ印刷用のドライバマージンが取られます。ヘッダや本文領域はこのドライバマージンにトップマージンやサイドマージンを足したところから始まります。

　レイアウトパラメータを変更するには，プリアンブルで \setlength 命令を使います。たとえば以下のように記述します。

```
\setlength{\hoffset}{-1cm}（1）
\setlength{\oddsidemargin}{1em}（2）
\setlength{\evensidemargin}{10pt}（3）
\setlength{\textwidth}{50\zw}（4）
\setlength{\textheight}{44\baselineskip}（5）
```

これは，

1. 用紙上部の余白を-1cm とする（実際の余白はドライバマージンの 1 インチから 1cm を引いた 1.54cm となります）。
2. 奇数ページの左マージンを半角 1 文字とする（em はアルファベット「m」の文字幅です）。
3. 偶数ページの左マージンを 10 ポイントとする。
4. 本文 1 行を全角 50 文字とする（pLATEX, upLATEX では「50zw」）。
5. 本文領域の高さを 44 行とする。

という意味です。

13.5　行送りを変更するには

　基本的に，行送りは本文サイズに応じて LATEX が最適な値を選ぶようになっています。

　LATEX では行の間隔は「行送り」で定義します。仮名や漢字はどの文字も高さが同じですがアルファベットは高い文字もあれば低い文字もあります。さらに aAG のように下が同じ位置に揃う文字と，gjqJQ のように少し下に飛び出す文字とがあります。下が揃っている文字の下の水平線をベースラインと呼び，文字を並べる基準線になります。

　ベースラインの間隔が\baselineskip であり，行送りなのです。なお，バランスをとるために仮名や漢字の下はベースラインより少し下がっています。記号も半角と全角では高さが異なります。

　\baselineskip は文字のサイズによって自動的に最適値が設定されています。デフォルトでは以下の値になっています。

方向	横書き			縦書き		
文字サイズ	10pt	11pt	12pt	10pt	11pt	12pt
\tiny	6pt	7pt	7pt	6pt	7pt	7pt
\scriptsize	8pt	9.5pt	9.5pt	8pt	9.5pt	9.5pt
\footnotesize	9.5pt	11pt	12pt	9.5pt	11pt	12pt
\small	11pt	12pt	13.6pt	11pt	12pt	13.6pt
\normalsize	15pt	15.5pt	16.5pt	17pt	17pt	18pt
\large	17pt	17pt	21pt	17pt	17pt	21pt
\Large	21pt	21pt	25pt	21pt	21pt	25pt
\LARGE	25pt	25pt	28pt	25pt	25pt	28pt
\huge	27pt	28pt	33pt	28pt	28pt	33pt
\Huge	33pt	33pt	33pt	33pt	33pt	33pt

行送りを変更したい場合は，本文中に\setlength{\baselineskip}{18pt} のように記述します。この命令が書かれた段落から行送りが変わります。ここで変更した行送りは次に\setlength{\baselineskip}命令が書かれるか，フォントサイズ変更コマンドが書かれるまで有効です。フォントサイズ変更コマンドに出会うとデフォルトの行送りに戻ります。

13.6　文書全体の行送りを指定するには

　\baselineskip を変更してもフォントサイズ変更コマンドでリセットされ，標準値に戻ってしまいます。文書全体の行送りを変更するには，標準の行送りを何倍にするかというように指定します。

　\renewcommand{\baselinestretch}{2}

のように記述します。この場合は標準行送りの 2 倍になります。つまり 10 ポイントの\normalsize では行送りが 30 ポイントに，\large では 34 ポイントになります。

▌13.7　文字の間隔を指定するには

　全角文字どうしの間隔は\kanjiskip というパラメータで指定されています。デフォルトでは 0pt plus 0.4pt minus 0.4pt となっています。標準では空きなし，場合によってプラス 0.4 ポイントからマイナス 0.4 ポイントです。プラスマイナス 0.4 ポイントの伸び縮みがあるのは，ページの右端を揃えるためです。

　この\kanjiskip パラメータを変更すれば文字間隔が変わります。

　すべての文字を等間隔に出力するためには jsarticle などのクラスファイルを使って和文フォントファミリーを jis にするか，斎藤修三郎さんが公開している otf パッケージなどを使って和文フォントファミリーを otf にする必要があります。

　otf パッケージを使うには，以下のように記述します。

```
\documentclass{jarticle}
\usepackage{otf}
\begin{document}
```

▌入力

```
\ltjsetparameter{kanjiskip=1\zw}
日本語の文字間隔を等間隔にするには
```

▌出力

日　本　語　の　文　字　間　隔　を　等　間　隔　に　す　る　に　は

　と指定します。これで文字間隔が 1 文字になります。かなりパラパラな印象を与えます。pLATEX，upLATEX では「1zw」と指定します。

　和文と半角英数字の間には\xkanjiskip で指定された空きが自動的に挿入されます。デフォルトでは 0.25zw プラスマイナス 1 ポイント，つまり全角文字の 4 分の 1 の幅，四分あきになっています。

▌13.8　クラスファイルとレイアウトの定義

　4 章でクラスファイルの種類とオプションについて簡単に説明しましたが，ここではもう少し詳しく解説します。

　pLATEX，upLATEX 用としては以下のようなクラスファイルが用意されています。

article jsarticle tarticle	標準的な長さの文書用クラスです。article は欧文用，jsarticle は和文横組み用，tarticle は和文縦組み用です。表題に続いて同じページに部見出し，節見出しが出力されます。部や節が変わっても改ページされません。	

article
jsarticle
tarticle
標準的な長さの文書用クラスです。article は欧文用，jsarticle は和文横組み用，tarticle は和文縦組み用です。表題に続いて同じページに部見出し，節見出しが出力されます。部や節が変わっても改ページされません。

report
jsreport
treport
レポートなどに使う文書用クラスです。report は欧文用，jsreport は和文横組み用，treport は和文縦組み用です。article 系と違うのは「章（chapter）」という見出しが追加されていることです。表題が出力された後で改ページ，部見出しが出力された後で改ページされます。article 系よりも長い文書を書くのに適しています。

book jsbook
tbook
書籍などの長い文書用クラスです。book は欧文用，jsbook は和文横組み用，tbook は和文縦組み用です。表題の後で改ページ，部見出しの後で改ページされます。章は奇数ページから始まります。report 系クラスと同様に「章（chapter）」見出しがありますが，他のクラスとは違って奇数ページと偶数ページでデザインが異なります。

jsarticle, jsbook, jsreport の 3 つを総称して jsclasses と呼びます。

jsclasses の各クラスで，見出しは次のようになっています。

	jsarticle	jsbook	jsreport
表題（title）	○	○	○
部見出し（part）	○	○	○
章見出し（chapter）	×	○	○
節見出し（section）	○	○	○
項見出し（subsection）	○	○	○
目見出し（subsubsection）	○	○	○
段落見出し（paragraph）	○	○	○
小段落見出し（subparagraph）	○	○	○

▌13.9　LuaLATEX 用 ltjsclasses

LuaLATEX でタイプセットする時には jsclasses クラスファイルは使えません。先頭に「lt」が着いた ltjsclasses クラスファイルを使います。ltjsclass には次のものがあります。

tjsartiles, jtjsbook, ltjsreport

基本的には jsclasses と同じです。いくつかの相違点としては

- zw, zh は\zw, \zh となります
- フォントメトリック関係のオプション winjis は無視されます

- 標準でフォントメトリックとして `jfm-u.jis.lua` を使います
- `papersize` オプションの指定にかかわらず PDF のページサイズは適切に設定されます

13.10　汎用クラスファイル　jlreq

pLaTeX, upLaTeX, LuaLaTeX のいずれにも対応している，一番新しいクラスファイルが jlreq です。「日本語組版処理の要件　Requirements for Japanese Text Layout」[1]を実装するものです。

デフォルトでは横組・jsarticle 相当となっています。縦組にするには tate, jsreport 相当にするには report, jsbook 相当にするには book オプションを付けます。

jsclasses との互換性は高く，たいていのソースファイルはそのままタイプセットできますが，一部の古いパッケージファイルはエラーが出るなどして使えないことがあります。

主な相違点としては次のものがあります。

- 見出しに副題が付けられるようになりました。part, \chapter, \section, \subsection, \subsubsection で使えます。たとえば\section{見出し文字列}[副題] と書きます
- pLaTeX, upLaTeX で zw, zh が使えません。代わりに\zw, \zh と書きます
- ルビや圏点はありません。luatexja-ruby などを使います
- 和文フォントサイズを欧文フォントサイズ\fontsize とは独立して指定する \jafontsize が新設されました。\fontsize=13pt \jafontsize=12pt のように使います。
- アブストラクト（概要）をプリアンブルにも書けるようになりました。\maketitle でタイトルとともに出力されます

13.11　ノンブルと柱

ノンブルはページ番号のことでフランス語の nombre が語源となっています。英語では folio といいます。柱は版面よりも外側の余白部に入れる書名や見出しのことです。

ノンブルや柱を表示するかどうかはクラスオプションで指定します。

---

[1] https://www.w3.org/TR/jlreq/?lang=ja

plain	ページ下部にノンブルのみを出力する（デフォルト）。
empty	ノンブルも柱も出力しない。
headings	ページ上部に柱とノンブルを出力する。柱の内容は各ドキュメントクラスで定義されている。
myheadings	ページ上部に柱とノンブルを出力する。柱の内容はユーザーが指定する。
headnombre	ページ上部にノンブルだけを出力する（jarticle, jreport, jbook のみ）
footnombre	ページ下部にノンブルだけを出力する（jarticle, report, jbook のみ）
bothstyle	ページ上部に柱, ページ下部にノンブルを出力する (jarticle, report, jbook のみ)

柱とノンブルの出力は次のようになります。

ドキュメントクラス	ノンブルと柱	柱の内容
jsarticle	右端にノンブル，左端に柱を出力する。節開始ページは柱なし	項見出し
jsreport	右端にノンブル，左端に柱を出力する 章開始ページは右端にノンブルのみ	節見出し
jsbook	小口にノンブル，ノドに柱を出力する 節見出し（奇数ページ） 章の開始ページは右端にノンブルのみ	章見出し（偶数ページ）

13.12　ページスタイルを指定するには

　ノンブルと柱の出力形式はページスタイルで指定しますが，文書全体のページスタイルを指定する方法と，特定のページのみのページスタイルを指定する方法とがあります。

　前者は

`\pagestyle{ページスタイル}`

と記述し，後者は

`\thispagestyle{ページスタイル}`

と記述します。

　文書全体を headings スタイル（ページ上部に柱とノンブルを出力する）にするならば

`\pagestyle{headings}`

と書きます。そして，特定のページだけを empty（柱もノンブルも出力しない）にするには，そのページのところで

`\thispagestyle{empty}`

と記述します。

▌13.13　柱の内容を定義するには

　myheadings スタイルを使えば, 柱の内容をユーザーが定義できます。これは\markright か\markboth で指定します。奇数ページと偶数ページでデザインが同じスタイルの場合は \markright で, 異なる場合は\markboth を使います。

　柱を定義したい場所で

　\markright{柱を変える}

　あるいは

　\markboth{左ページの柱}{右ページの柱}

と宣言します。

　上の例ではページ上部の左側に「柱を変える」と出力されます。下の例では左ページ上部に「左ページの柱」, 右ページ上部に「右ページの柱」と出力されます。

▌13.14　ノンブルの表示を変えるには

　ノンブルは標準では「1, 2, 3…」とアラビア数字が使われます。これを変更するには

　\pagenumbering{オプション}

命令を使います。オプションには以下のようなものがあります。

arabic	アラビア数字（デフォルト）	1, 2, 3, 4…
Roman	大文字ローマ数字	I, II, III, IV…
roman	小文字ローマ数字	i, ii, iii, iv…
Alph	大文字アルファベット	A, B, C, D…
alph	小文字アルファベット	a, b, c, d…

ただし, \pagenumbering 命令を記述すると, ページ番号のカウンタがリセットされてしまい, 「1」から再スタートになります。

▌13.15　ページ番号を強制的に変えるには

　ページ番号は「page」というカウンター（メモリー）に数が記録されており, 先頭が 1, そして 1 ページごとに 1 個増えていきます。これを強制的に変えるには

　\setcounter{page}{162}

のように記述します。現在のページ番号が 162 ページになります。

第14章

PDFファイルを作る

▌14.1　共通文書交換フォーマット PDF

　最近では LaTeX で組版したものをプリントアウトした紙を渡すことはあまり無く，PDF として配布することがほとんどです。PDF ファイルならば Windows，macOS，Linux，iOS，Android などほとんどの環境で表示できます。メールで交換したり，Web で公開することも簡単です。コンビニの複合機やネットワーク通販印刷，オンデマンド印刷，そして本格的なオフセット印刷まで，PDF で入稿することが標準となっています。

　実際，本書も PDF 出力したデータをそのまま印刷に回しています。

　PDF は Portable Document Format の略で，1993 年，アドビシステムズの共同創設者である John Warnock によって開発されました。日本語版は 1997 年にリリースされました。PDF を使えば異なった OS，異なったアプリケーションを使っている環境でも，同じレイアウトで文書を閲覧し，印刷できます。

　たとえば Windows の一太郎で作ったファイルは，Word しか入っていない Macintosh でそのまま開くことはできません。

　PDF は，アプリケーション（ワープロや表計算など）や LaTeX などでレイアウトした結果をテキスト情報とレイアウト情報として保存します。読む相手が PDF のビューアを持っていれば，オリジナルと同じレイアウトで表示できます。パスワードによって閲覧，変更，印刷，抽出などを制限できます。抽出を禁じていなければ，画面から必要なテキストやグラフィックを選んでコピーし，再利用も可能です。

　ISO でも PDF を文書交換フォーマットとして標準化しており，企業だけでなく，官公庁・自治体で多くの文書を PDF で公開しています。

▌14.2　PDF ファイルを作るには

LaTeX で PDF ファイルを作るには以下に述べるようにいくつかの方法があります。

1. TeXWorks を使う
2. dvipdfmx を使う
3. luaLaTeX を使う

▌14.3　TeXWorks を使う

　TeXworks ではメニューからワンタッチでタイプセット・PDF 出力・プレビューができます。TeXworks 自体が PDF ビュワーの機能を持っているので，Acrobat などをインストールする必要はありません。また，SyncTeX という，ソースと PDF 画面とを相互リンクする機能もあります。TeXworks のエディタ画面で Ctrl キーを押しながら左クリック

すると PDF の該当箇所にジャンプします。PDF 画面で **Ctrl** ＋左クリックすればソースの該当箇所にジャンプします。

　SyncTeX を使うには，LATEX に-synctex=1 オプションを付けてタイプセットします。pdfplatex.bat にはこのオプションが書かれています。

14.4　dvipdfmx **を使う**

　dvipdfmx は Mark A. Wicks によって開発された dvipdfm を THE DVIPDFMx PROJECT が多言語対応したフリーソフトです。dvi ファイルを PDF に変換する，pLATEX，upLATEX 用の PDF 変換ソフトです。

　dvipdfmx で PDF ファイルを作るには以下の手順で行います。

1. コマンドプロンプトを開く
2. dvi ファイルのあるディレクトリに移動する
3. dvipdfmx 対象ファイル名

と入力し，Enter キーを押す

14.5　ptex2pdf **を使う**

　dvipdfmx を使うと pLATEX，upLATEX で dvi ファイルを作成し，dvipdfmx による PDF に変換するという 2 段階の手順が必要ですが，ptex2pdf コマンドを使えば二つの操作をまとめて実行できます。

　ptex2pdf で PDF ファイルを作るには以下の手順で行います。

1. コマンドプロンプトを開く
2. tex ソースファイルのあるディレクトリに移動する
3. ptex2pdf <オプション> 対象ファイル名

と入力し，Enter キーを押す

　主なオプションには次のものがあります。

-v, version	ptex2pdf のバージョンを表示する
-u	upLATEX を使う時に指定する
-l	upLATEX，pLATEX を使う時に使用する
-s	PDF を作成しない（dvi ファイルまで）
-i	dvi ファイルを削除しない
-ot	LATEX 処理系のオプションを指定する
-od	dvipdfmx のオプションを指定する
-output-directory '<dir>'	出力先のディレクトリを指定する

使用例としては

```
ptex2pdf -u -l test.tex    upLATEX で処理する
ptex2pdf -l test.tex    pLATEX で処理する
```

となります。

正常に動作すれば PDF ファイルができあがります。

14.6　luaLATEX を使う

luaLATEX は直接 PDF ファイルを出力できるタイプセッタです。

もともと PDF ファイルを直接出力できる pdfTEX があり，その改良版として luaTEX が開発されました。luaTEX の lua は，スクリプト言語 Lua が組み込まれているという意味です。今，もっとも活発に開発が進められているモダン LATEX ディストリビューションです。

luaTEX では luaTEX-ja プロジェクトによって日本語を含む多言語処理が可能となっていますが，日本で主流となっているスタイルファイル jsartcile, jsbook が使えません。luaLATEX については jsarticle, jsbook を移植した ltjsarticle, ltjsbook が用意されています。日本語フォントの埋め込みについては\usepackage[プリセット]{luatexja-fontspec}でプリセットに morisawa-pro, hiragino-pro などと指定するだけで済みます。ltjsclasses よりも最新の日本語スタイルファイル jlreq を使うのがお勧めです。

pLATEX からは「全角幅」「全角高さ」を表す zw, zh が使えないとか，いくつか命名規則に変更があります。

学会論文などでスタイルファイルが指定されている場合，たいていは jarticle か jsarticle がベースになっているので，まだ LuaLATEX は使えないことが多いです。

14.7　フォントを埋め込む

PDF は，異なる環境で表示してもレイアウトが崩れない，というのが一つの特徴になっています。しかし，実際には制作に使ったフォントと同じフォントが再生側に入っていなかった場合，レイアウトが崩れてしまう可能性があります。使用したフォントが入ってい

ないと，コンピューターに搭載されている別のフォントによって表示します。別フォント
の幅や高さが元フォントと違っていれば，当然表示がおかしくなります。日本語フォント
の無い環境で日本語フォントを使った PDF を表示することはできません。

14.8　フォント埋め込みと著作権

コンピューター用フォントはプログラムの著作物として保護されています。たとえば
2004 年大阪地裁は，モリサワのフォントを無断でパソコンにインストールして販売してい
た業者に対し，著作権侵害で 8055 万円の損害賠償を命じる判決を出しています（「平成 15
年（ワ）第 2552 号　著作権侵害に基づく差止等請求事件」）[1]。Windows を買えば MS 明
朝や MS ゴシックなどが，Office を買えば HG 明朝や HG 創英角ゴシックが付いてきま
す。これらのフォントをファイルとして Windows から抜き出して，配布することはマイ
クロソフトやリコーの著作権を侵害する行為になります。私たちユーザーに認められてい
るのは MS 明朝や HG 創英角ゴシックを使って Word や Excel の文書を印刷し，その紙
を配布することです。

それでは PDF にフォントを埋め込むことはどうなのでしょう。あるツールを使えば PDF
から埋め込まれたフォントを抽出することが可能です。フォント埋め込み PDF を Web に
掲載して広く配布することは，フォントベンダーの権利を侵害する著作権違反幇助なので
しょうか。

インターネットで検索すると，フォント埋め込みについて著作権侵害になり得るから気
をつけようと，注意を喚起するサイトが目に付きます。しかし，ほとんどの商用フォント
は埋め込みを認めています。

Windows 8 PRO の「マイクロソフト ソフトウェア ライセンス条項」[2]には，フォント
の利用について次のように述べています。

10. フォント，アイコン，画像，および音声

a. フォント コンポーネント。本ソフトウェアの実行中，お客様は本ソフトウェアに
付属のフォントを使用してコンテンツを表示および印刷することができます。お客
様は，コンテンツを印刷するためにフォントをプリンターまたはその他の出力デバ
イスに一時的にダウンロードしたり，フォントの埋め込みに関する制限の下で許容
される範囲でコンテンツにフォントを埋め込んだりすることができます。

「フォントの埋め込みに関する制限の下で許容される範囲」というのが不明確ですが，埋
め込みは問題ないといえるでしょう。

---

[1] http://www.courts.go.jp/hanrei/pdf/ADC04D23E1CE042949256F17003B0ACD.pdf
[2] http://download.microsoft.com/Documents/UseTerms/Windows_8\%20Pro_Japanese_
7bb76a01-6176-484f-83e1-3b5bb081b35c.pdf

　Windows 10，Windows 11 に関してはフォントについて独立したライセンス条項があ
りません。Windows 全体のライセンスとしてフォントも網羅されています。[*3]

　1. 概要
　a. 本契約の適用本ライセンス条項は、お客様のデバイスにプレインストールされて
いる、または小売業者から取得してお客様がインストールした本 Windows ソフト
ウェア、お客様が本ソフトウェアを受領したときのメディア (存在する場合)、本ソ
フトウェアに含まれるフォント、アイコン、画像、または音声ファイル、および本
ソフトウェアに対するマイクロソフトの更新プログラム、アップグレード、追加ソ
フトウェア、またはサービスに適用されます。ただし、これらにその他の条項が付
属している場合は、その限りではありません。マイクロソフトが開発し、Windows
に含まれてその一部となっている機能 (メール、連絡先、ミュージック、フォトな
ど) を提供する Windows アプリケーションにも適用されます。本ライセンス条項
にお客様のデバイスで利用できない機能またはサービスに関する条項が含まれてい
る場合、当該条項は適用されません。

　ユーザーサポートに問い合わせてもはっきりしないそうで，グレーゾーンかもしれませ
ん。MS 明朝を埋め込んだ PDF を配布してマイクロソフトから訴えられたという話も聞き
ません。
　モリサワのサイトにある「商業利用に関して」[*4]では次のように書かれています。

　　Q4：モリサワフォントを使用して作成した成果物は，モリサワパスポートの契約
　期間終了後も使えますか？
　　A：モリサワフォントを使用して作成した成果物が，例えば，アウトライン化も
　しくは画像化されたデータまたはフォントデータが埋め込まれたデータ（PDF 等）
　のような，機器にインストールされた当該フォントデータ無しにその表示および出
　力が可能な形式によるもの，または，紙もしくはフイルム等の媒体に出力された成
　果物である場合には，契約終了後でも使用出来できます。契約期間中，終了後を問
　わず，モリサワフォントのライセンスを持たない方がその成果物を使用することも
　出来ます。

　ほとんどの OS バンドルフォント，アプリケーションバンドルフォント，単体売りフォ
ントが商業利用を含む PDF へのフォント埋め込みを認めています。フォントデータに埋め
込み禁止フラグが建ててあれば，フォントを埋め込もうとしてもエラーになって埋め込み
できません。個人や同人グループなどで配布している個性的なフォントがありますが，「個

　[*3] https://www.microsoft.com/en-us/Useterms/OEM/Windows/11/Useterms_OEM_
　　　Windows_11_Japanese.htm
　[*4] http://www.morisawa.co.jp/font/products/terms/commercialUse.html

人非商用に限って利用を許可する」「埋め込み禁止」などという制限を課していることがあります。これらのフォントは埋め込み禁止フラグを立ててないことがありますので，許可条件を読んで判断してください。

商品として販売されている（Windows に附属するものを含めて）商品フォントを使うことに抵抗を感じるのであれば，原ノ味フォント，IPA フォントなどオープンソースフォントを使うことをお勧めします。

原ノ味フォントはアドビが Google と共同開発した原ノフォントを LaTeX 用に改良したもので，TeXLive 2020 以降に標準で含まれています。もちろん PDF に自由に埋め込むことができますし，最近では商業出版物でも使われており，クオリティの高さも保証されています。

独立行政法人情報処理推進機構[*5]（IPA : Information-technology Promotion Agency, Japan）が配布している IPAex 明朝，IPAex ゴシックフォントは OSI によるオープンソース定義に準拠した「IPA フォントライセンス」が適用されるオープンソースのフォントで，再配布を含んで自由に利用できる日本語アウトラインフォントです。TeXLive にバンドルされており，著作権の問題を気にせず埋め込むことができます。

14.9　kanji-config-updmap を使う

pLaTeXupLaTeX でフォントを埋め込むにはいくつかの方法があります。

`kanji-config-updmap` は p｜LaTeX ，upLaTeX と dvipdfmx で PDF ファイルを作成するときに和文フォントを指定するコマンドです。TeXLive には標準で搭載されています。

コマンドプロンプトで

`kanji-config-updmap-sys` オプション または `kanji-config-udpmap-user` オプションと入力します。

`-sys` と `-user` は，`-sys` はシステム全体の設定を変更し，`-user` は現ユーザー用設定を変更するという違いがあります。

現在のユーザー用設定の変更はシステム共通設定よりも優先されるため，たった一度だけでも `-user` 付きのコマンドを実行した場合，TeXLive のアップデート時に設定更新が反映されなくなります。そのようなトラブルを避けるため，`-sys` 付きコマンドを使うことが推奨されています。

もし `-sys` 付きコマンドが実行できない時はコマンドプロンプトを開くときに管理者権限で実行してください。

和文関係の［オプション］には次のものがあります。

bizud　BIZ UD フォント

---

*5 http://ossipedia.ipa.go.jp/ipa0000/index.html

haranoaji　原の味フォント（デフォルト）

ipa　　IPA フォント

ipaex　IPAex フォント

kozuka　小塚フォント

ms　　MS フォント

yu-win10　游書体

morisawa-pr6n　モリサワ Pro6N フォント

morisawa　モリサワフォント

hiragino　ヒラギノフォント

koduka-pr6n　小塚 Pro6N フォント

koduka-pr6　小塚 Pro6 フォント

moga-mobo-ex　モガ ex フォント

moga-mobo　モガフォント

ume　梅フォント

canon　キヤノンフォント

sourcehan-otc　　原ノフォント OTC 版

sourcehan　原ノフォント OTF 版

noto-otc　Google noto フォント OTC 版

noto　Google noto フォント OTF 版

status　現在の設定状況を表示する

　和文以外に簡体字，繁体字，ハングルも指定できます。

　kanji-config-updmap-sys status と入力すれば現在設定されているフォント，選択
可能なスタンバイ状態のフォントが表示されます。結果が出るまで 1 分以上かかるかもし
れません。

```
kanji-config-updmap-sys status
CURRENT family for ja: haranoaji (variant: <empty>)
Standby family : bizud
Standby family : ipa
Standby family : ipaex
Standby family : kozuka
Standby family : ms
Standby family : yu-win10
```

　たとえば kanji-config-updmap-sys ipaex と，フォント名を付けて入力すれば，ipaex
フォントが埋め込まれます。

▌ 14.10　pxchfon パッケージを使う

　pxchfon パッケージを使えば文書中で和文フォントを指定することができます。対応しているのは pLATEX と upLATEX に dvipdfmx の組み合わせみです。

　プリアンブル部で

　\usepackage[オプション]{pxchfon}

と記述します。

　主なオプションには

noembed　フォントを埋め込まない（非推奨）

haranoaji　原の味フォント

ipa　　IPA フォント

ipaex　IPAex フォント

ms　　MS フォント

yu-win10　游書体。unicode 指定を同時に行うことを推奨

morisawa-pr6n　モリサワ Pro6N フォント

hiragino-pron　ヒラギノ ProN フォント

koduka-pr6n　小塚 Pro6N フォント

koduka-pr6　小塚 Pro6 フォント

sourcehan-otc　　原ノフォント OTC 版

sourcehan　原ノフォント

sourcehan-jp　原ノフォント地域別サブセット OTF 版

noto-otc　Google noto フォント OTC 版

noto　Google noto フォント OTF 版

unicode　unicode を指定する

jis2004　JIS X 2004 字形を指定する

jis90　JIS X 1990 字形を指定する

　があります。

　たとえば

　\usepackage[ipaex]{pxchfon}

と記載すれば IPAex フォントが埋め込まれます。

　游書体を指定するときには unicode 指定も同時に行うことが推奨されています。

　\usepackage[yu-win10,unicode]{pxchfon}

　シェープごとに物理フォントを設定することができます。

setminchofont「<番号>］<フォントファイル名>　　標準明朝体

setgothicfont［［<番号>］<フォントファイル名>　　標準ゴシック体

setlightminchofont［<番号>］<フォントファイル名>　　細字明朝体

setmediumminchofont［<番号>］<フォントファイル名>　　中字明朝体

setboldminchofont［<番号>］<フォントファイル名>　　太字明朝体

setmediumgothicfont［<番号>］<フォントファイル名>　　中字ゴシック体

setboldgothicfont［<番号>］<フォントファイル名>　　太字ゴシック体

setxboldgothicfont［<番号>］<フォントファイル名>　　極太ゴシック体

setmarugothicfont［<番号>］<フォントファイル名>　　丸ゴシック体

　この「番号」というのは TrueType Collection, OpenType Collection ファイルの中における位置番号を表します。

　標準明朝体を HGP 行書体（HGRGY.TTC），標準ゴシック体を HGS 創英角ポップ体（HGRPP1.TTC）にするには

\setminchofont[0]{HGRGY.TTC}

\setgothicfont[0]{HGRPP1.TTC}

　と記述します。

■ 入力

```
\noindent{\large\textsf{『蟹工船』　小林多喜二}}


{\gyosyo{
「おい地獄さ行ぐんだで！」
　　二人はデッキの手すりに寄りかかって、蝸牛が背のびをしたように延びて、海を
抱え込んでいる函館の街を見ていた。――漁夫は指元まで吸いつくした煙草を唾と
一緒に捨てた。巻煙草はおどけたように、色々にひっくりかえって、高い船腹をす
れずれに落ちて行った。彼は身体一杯酒臭かった。}}
%\end{document} %
```

■ 出力

『蟹工船』　小林多喜二

「おい地獄さ行ぐんだで！」

　二人はデッキの手すりに寄りかかって、蝸牛が背のびをしたように延びて、海を抱え込んでいる函館の街を見ていた。――漁夫は指元まで吸いつくした煙草を唾と一緒に捨てた。巻煙草はおどけたように、色々にひっくりかえって、高い船腹をすれずれに落ちて行った。彼は身体一杯酒臭かった。

14.10.1　LuaLATEX での和文フォント設定

　LuaLATEX では和文フォントの設定がより簡単になっています。ドキュメントクラスとしては jlreq を選択するのがお勧めです。

　`\documentclass{jlreq}`

　この場合，デフォルトでは原ノ味フォントが埋め込まれます。

　フォントを明示的に指定するには luatexja-preset パッケージを使います。

`\usepackage[オプション]{luatexja-preset}`

　主なオプションには以下のものがあります。

noembed　フォントを埋め込まない（非推奨）

haranoaji　原の味フォント

ipa　IPA フォント

ipaex　IPAex フォント

ms　MS フォント

bizud　BIZ UD フォント

yu-win10　游フォント

ume　梅フォント

morisawa-pr6n　モリサワ Pro6N フォント

hiragino-pron　ヒラギノ ProN フォント

koduka-pr6n　小塚 Pro6N フォント

koduka-pr6　小塚 Pro6 フォント

sourcehan-otc　原ノフォント OTC 版

sourcehan　原ノフォント

sourcehan-jp　原ノフォント地域別サブセット OTF 版

noto-otc　Google noto フォント OTC 版

noto   Google noto フォント OTF 版

deluxe   明朝体 3 ウェイト，ゴシック体 3 ウェイト，丸ゴシック体を使用可能にする

expert   横組専用仮名，縦組専用仮名，ルビ専用仮名を使う

bold   明朝の太字をゴシック体の太字にする

jis2004   JIS X 2004 字形を使う

jis90   JIS X 1990 字形を指定する

jfm_yoko/jfm_tate   使用する JFM（フォントメトリック）の指定

　　例として游フォントを使うのであれば

　　\usepackage[yu-win10,deluxe,jfm_yoko=jlreq,jfm_tate=jlreqv]{luatexja-
preset}

とします。

　　フォント名を別名で指定することもできます。

　　newjfontfamily{\別名}{フォントファイル名}

　　HGP 行書体（HGRPP1.TTC）を gyosyo，タレフォント（MT-TARE-P.ttf）を tare で
指定してみます。

▌入力

```
\newjfontfamily{\gyosyo}{HGRGY.TTC}
\newjfontfamily{\tare}{MT-TARE-P.ttf}
\noindent{\Large\textsf{『走れメロス』　太宰治}}


{\gyosyo{メロスは激怒した。必ず、かの邪智暴虐の王を除かなければならぬと決
意した。メロスには政治がわからぬ。メロスは、村の牧人である。笛を吹き、羊と
遊んで暮して来た。けれども邪悪に対しては、人一倍に敏感であった。}}きょう未
明メロスは村を出発し、野を越え山越え、十里はなれた此このシラクスの市にやっ
て来た。メロスには父も、母も無い。女房も無い。十六の、内気な妹と二人暮しだ。
この妹は、村の或る律気な一牧人を、近々、花婿として迎える事になっていた。結
婚式も間近かなのである。{\tare{メロスは、それゆえ、花嫁の衣裳やら祝宴の御
馳走やらを買いに、はるばる市にやって来たのだ。先ず、その品々を買い集め、そ
れから都の大路をぶらぶら歩いた。メロスには竹馬の友があった。セリヌンティウ
スである。今は此のシラクスの市で、石工をしている。その友を、これから訪ねて
みるつもりなのだ。}}
```

■ 出力

『走れメロス』　太宰治

メロスは激怒した。必ず、かの邪智暴虐の王を除かなければならぬと決意した。メロスには政治がわからぬ。メロスは、村の牧人である。笛を吹き、羊と遊んで暮して来た。けれども邪悪に対しては、人一倍に敏感であった。きょう未明メロスは村を出発し、野を越え山越え、十里はなれた此このシラクスの市にやって来た。メロスには父も、母も無い。女房も無い。十六の、内気な妹と二人暮しだ。この妹は、村の或る律気な一牧人を、近々、花婿として迎える事になっていた。結婚式も間近かなのである。メロスは、それゆえ、花嫁の衣裳やら祝宴の御馳走やらを買いに、はるばる市にやって来たのだ。先ず、その品々を買い集め、それから都の大路をぶらぶら歩いた。メロスには竹馬の友があった。セリヌンティウスである。今は此のシラクスの市で、石工をしている。その友を、これから訪ねてみるつもりなのだ。

第15章

プレゼンテーション用
スライドを作る

15.1　Beamer でプレゼンテーション用スライドを作る

発表会，講演会などプレゼンテーションを行うときに資料として表示するスライドも LaTeX で作ることができます。

jsarticle でもスライドを作ることは可能ですが，プレゼンテーション専用のスタイルとして beamer が用意されているので，それを使ってみましょう。PowerPoint ほどとはいえませんが，飾りやアニメーションなども利用できます。

図やグラフは，TiKz など LaTeX の描画命令を使うか，他のアプリで作成した画像ファイルを取り込むことになり，コピー&ペーストできる PowerPoint に比べると面倒です。また，官公庁自治体などが作る，1 枚になんでもかんでも詰め込んだ「ポンチ絵」にも向かないでしょう（あれ，プロジェクターで投影されても，何が書いてあるのか分からない）。

逆に数式をメインにするプレゼンテーションでは抜群の威力を発揮します。なんといっても LaTeX ですから。

出力は PDF にします。Adobe Reader はほとんどのパソコンにインストールされているでしょうから，PDF ファイルだけを USB メモリーなどで持って行くだけでプレゼンテーションができます。

自分が大学の講義で使っていたスライド。以前は PowerPoint で作っていたのですが，数式の箇所で苦労しました。

たとえばこんな感じ。

シャノンの法則で出てくる状態遷移確率行列ですが, $P(S_1|S_1)P(S_2|S_1)\cdots p(S_n|S_1)$ などと下付数字が何個も出てくるので, PowerPoint の数式モードを使っているとすごく面倒です。よく見ると $P(Sn|S_1)$ と, n が下付になってません（PowerPoint でも LATEX の数式表記法が使えるようですが・・・）。

これは Beamer を使えば

状態遷移（確率）行列

$$
p = \begin{bmatrix}
P(S_1|S_1) & P(S_2|S_1) & \cdots & P(S_n|S_1) \\
P(S_1|S_2) & P(S_2|S_2) & \cdots & P(S_n|S_2) \\
& \vdots & \ddots & \vdots \\
P(S_1|S_n) & P(S_2|S_n) & \cdots & P(S_n|S_n)
\end{bmatrix} = \begin{bmatrix}
P_1 \\
P_2 \\
\vdots \\
P_n
\end{bmatrix}
$$

- 確率ベクトル
  $p = (p_1, p_1, \cdots, p_n)$ に対して次の式が成り立つ
- $1 \le i \le n, 0 \le p_i \le 1$
- $\sum_{i=1}^{n} p_i = 1$

1

ときれいに書くことができます。
このソースは

■ 入力

```
\documentclass[dvipdfmx]{beamer}
\usetheme{metropolis}
\usepackage{pxjahyper}
\renewcommand{\kanjifamilydefault}{\gtdefault}
\usepackage{amsmath,amssymb}
\begin{document}
\begin{frame}
\frametitle{状態遷移（確率）行列}
\[
p=
\begin{bmatrix}
P(S_{1}|S_{1}) & P(S_{2}|S_{1})& \cdots & P(S_{n}|S_{1})\\
P(S_{1}|S_{2}) & P(S_{2}|S_{2})& \cdots & P(S_{n}|S_{2})\\
&  \vdots & \ddots & \vdots\\
P(S_{1}|S_{n}) & P(S_{2}|S_{n})& \cdots & P(S_{n}|S_{n})\\
\end{bmatrix}
=
\begin{bmatrix}

P_{1}\\
P_{2}\\
\vdots\\
P_{n}\\
\end{bmatrix}
\]
\begin{itemize}
 \item 確率ベクトル\\
$p=(p_{1},p_{1},\cdots,p_{n})$に対して次の式が成り立つ
\item $1\le i \le n, 0\le p_{i}\le 1$
\item $\sum_{i=1}^{n}p_{i}=1$
\end{itemize}
\end{frame}
\end{document}
```

となります。

　ドキュメントクラスとして jsarticle や jlreq の代わりに beamer を指定します。

　スライド 1 枚の区切りは

\begin{frame}\frametitle{タイトル}

スライド内容

\end{frame}

です。スライドのメインタイトルは\frametitle{タイトル}に記述します。

15.2　テーマを選ぶ

デフォルトのテーマだと

と素っ気ないのですが，\usetheme で好きなテーマを選ぶことができます。状態遷移確率行列のスライドには metropolis を使いました。

　Beamr-Theme-matrix（https://hartwork.org/beamer-theme-matrix/）には多くのテーマの実例が表形式で掲載されています。

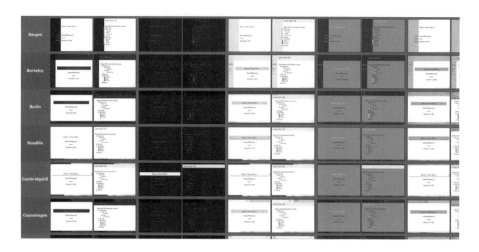

metropolis と Execushares の例です。

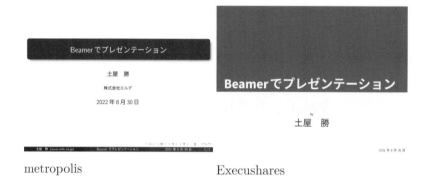

metropolis   Execushares

テーマも LATEX の命令で書かれているので，自分でカスタマイズすることが可能です。
テーマに関する指定としては\usetheme の他に

　\usercolortheme　　色の設定

　\useinnertheme　　フレーム内部の設定

　\useoutertheme　　フレーム外部の設定

　\usefontthema　　フォントの設定

があります。

15.3　Beamer のオプション

他にソースの中で記述している Beamer ならではのオプションというと

```
\usepackage[no-math]{fontspec}
\usepackage{pxjahyper}
\usepackage[deluxe]{luatexja-preset}
```

```
\renewcommand{\kanjifamilydefault}{\gtdefault}
```

があります。

　[no-math]{fontspec}は luatexja-preset で数式中の数字がセリフ体になってしまうのを避けるための命令です。これで数字がサンセリフになります。

　pxjahyper は PDF のしおりで日本語の文字化けを防ぐための命令です。ただし pLaTeX, upLaTeX 用であり, luaLaTeX では使えません。

　\kanjifamilydefault}{\gtdefault}は日本語フォントをゴシックにするための設定です。デフォルトでは明朝体になっており, スライド用には弱い印象を受けます。

　beamer では, デフォルトでは\verb 命令や verbatim 環境が使えません。

```
\begin{frame}[fragile]
```

　と, frame ごとに fragile オプションを指定する必要があります。

15.3.1　frame 環境のオプション

　fragile だけでなく, frame 環境には以下のオプションを指定することができます。

t, c, b	フレーム内の垂直位置を指定する。t：上揃え, c：中央, b：下揃え
fragile	\verb や lstlisting を使う
plain	ヘッダ, フッタ, サイドバーを表示しない
shrink=最小倍率	一枚のスライドに収まるよう、自動的に内容が縮小される。最小倍率は shrink=5 のように指定する
squeeze	一枚のスライドに収まるよう、縦方向の空白行が縮小される
allowframebreaks	内容が一枚のスライドに収まらない内容を複数のスライドに分割する
allowdisplaybreaks	スライドをまたぐ長い数式を許可する。allowframebreaks と同時に指定する

■ 入力

```
\section{長い数式を自動分割する}
\begin{frame}[allowframebreaks,allowdisplaybreaks,fragile]{長い数
式を記述する}{allowframebreaks と allowdisplaybreaks を使う}
1 枚のスライドに収まらない内容を記述するには
\verb|\begin[allowframebreaks]{frame}|と，\verb|allowframebreaks|
オプションを指定します．

長い数式を記述するには
\verb|allowframebreaks|に加えて\verb|\begin[allowframebreaks]
{frame}|と，\verb|allowdisplaybreaks|を\verb|frame|環境のオプション
に加えます．

以下の式を自動的に複数のスライドに分割します．
\begin{gather*}
 \int_{-\infty}^{\infty}g(x)\delta(x-x_0)dx =
 \int_{-\infty}^{\infty}g(x)\frac{d}{dx}\eta(x-x_0)dx \\
 = \left[g(x)\eta(x-x_0)\right]_{-\infty}^{\infty}-
\int_{-\infty}^{\infty}
 \frac{dg}{dx}\eta(x-x_0)dx \\
 = g(\infty)-\int_{x_0}^{\infty}\frac{dg}{dx}dx\\
 = g(\infty)-\left[g(x)\right]_{x_0}^{\infty}\\
 = g(\infty)-g(\infty)+g(x_0)\\
 = g(x_0)
\end{gather*}
```

■ 出力

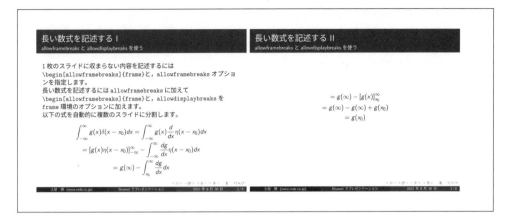

タイトルには自動的に「I」「II」といった連番が付けられます。

15.3.2　スライドの縦横比

　最近ではスライドの縦横比をいくつにするか，という問題もあります。古いディスプレイ
やプロジェクターは縦横比が 4:3 でした。最近のパソコンディスプレイやプロジェクター
はもっと横長な 16:9 が増えています。デフォルトでは 4:3 ですが，

　\documentclass[aspectratio=169]{beamer}

とオプションを付けると 16:9 になります。

15.3.3　スライドの構成

　学校や学会などでの発表だとだいたい次のような構成になるかと思われます。

1. 表紙
2. 目次
3. 本文
4. ・・・
5. まとめ

　表紙にはタイトル，著者，所属組織，年月日を書くのが普通です。これは\begin{document}
の前に

\title{タイトル}
\author{著者名}
\institute{所属組織}
\date{年月日}

と書きます。

そして\begin{document}の次に

```
\begin{frame}
\titlepage\index{titlepage}
\end{frame}
```

と書けば上記の項目が出力されます。通常の LaTeX における\maketitle に該当します。ただしテーマによっては出力されない項目もあります。

目次は

```
\begin{frame}
\tableofcontents
```

と記載します。\section{}の内容が出力されます。

15.3.4　ナビゲーションシンボルを消す

多くのテーマでは右下に

のようなナビゲーションシンボルが表示されます。これは実際のプレゼンテーションでは操作しにくいので，あまり役に立たないでしょう。ナビゲーションシンボルを表示させないようにするにはプリアンブルに

```
\setbeamertemplate{navigation symbols}{}
```

と書きます。

15.3.5　箇条書き環境

itemize や enumerate も使えますが，LaTeX とは表示が異なります。さらにオプション指定で行頭記号を変えることができます。

■ 入力

```
\begin{frame}
\begin{enumerate}
\item 表紙
\begin{enumerate}
\item タイトル
\item 著者名
\item 所属組織
\item 年月日
\end{enumerate}
\item 本文
\item まとめ
\end{enumerate}
\setbeamertemplate{items}[square]
\begin{enumerate}
\item 表紙
\begin{enumerate}
\item タイトル
\item 著者名
\item 所属組織
\item 年月日
\end{enumerate}
\item 本文
\item まとめ
\end{enumerate}
\setbeamertemplate{items}[default]
\begin{itemize}
 \item 第 1 部
\begin{itemize}
 \item 第 1 章
\item 第 2 章
\item 第 3 章
\end{itemize}
\item 第 2 部
\item 第 3 部
\end{itemize}
\end{frame}
```

■ 出力

---

❶ 表紙
　　❶ タイトル
　　❷ 著者名
　　❸ 所属組織
　　❹ 年月日
❷ 本文
❸ まとめ
１ 表紙
　　１ タイトル
　　２ 著者名
　　３ 所属組織
　　４ 年月日
２ 本文
３ まとめ
▶ 第 1 部
　　▶ 第 1 章
　　▶ 第 2 章
　　▶ 第 3 章
▶ 第 2 部
▶ 第 3 部

行頭記号を変えるオプションは以下のとおりです。

`\setbeamertemplate{items}[default]`	デフォルト（▶）
`\setbeamertemplate{items}[square]`	四角（■）
`\setbeamertemplate{items}[circle]`	円（●）
`\setbeamertemplate{items}[ball]`	球

15.4　定理，定義，証明などを表示する

　定理，定義，証明などを囲んで表示することがあります。Beamer は数式拡張パッケージ amsth を自動的に読み込むので，theorem（定理），corollary（系），definition（定義），fact（事実），solution（解）などの定理環境を使うことができます。

■ 入力

```
\section{定理環境}
\begin{frame}{定理環境を使う}{定義，定理，証明}
 \begin{theorem}[ Pierre de Fermat,1637]
   フェルマーの最終定理
 \end{theorem}
$n$ が3以上の場合，方程式 $x^{n}+y^{n}=z^{n}$ の自然数解は存在しない
\begin{problem}[David Hilbert,1900]
ヒルベルトの第\textgt{10}問題
\end{problem}

任意に与えられた多変数の整数係数多項式
\[
 p(x_{1},\dots,x_{k})=\sum_{0\leq i_{1}\leq n_{1}}^{0\leq i_{k}
\leq n_{k}} a_{i_{1 \dots}{i_{k}}} x_{1}^{i_{1}}\dots x_{k}^{i_{k}}
\]

に対し、$p(x_{1},\dots,x_{k})=0$が自明解 $(0,\dots,0)$以外の整数解を
持つか否かを判定するアルゴリズム（計算手順）を求めよ。
\end{frame}
```

■ 出力

定理環境を使う
定義，定理，証明

Theorem (Pierre de Fermat,1637)

フェルマーの最終定理

n が 3 以上の場合，方程式 $x^n + y^n = z^n$ の自然数解は存在しない

Problem (David Hilbert,1900)

ヒルベルトの第 10 問題

任意に与えられた多変数の整数係数多項式

$$p(x_1, \ldots, x_k) = \sum_{0 \le i_1 \le n_1}^{0 \le i_k \le n_k} a_{i_1 \ldots i_k} x_1^{i_1} \ldots x_k^{i_k}$$

に対し、$p(x_1, \ldots, x_k) = 0$ が自明解 $(0, \ldots, 0)$ 以外の整数解を持つか否か
を判定するアルゴリズム（計算手順）を求めよ。

土屋　勝 (www.erde.co.jp)　　　　　Beamer でプレゼンテーション　　　　　2022 年 8 月 30 日　　　1 / 2

　　Theorem, Problem などの文言を日本語にするには，プリアンブルで次のように書き
ます。

```
\uselanguage{japanese}
\languagepath{japanese}
\deftranslation[to=japanese]{Theorem}{定理}
\deftranslation[to=japanese]{Lemma}{補題}
\deftranslation[to=japanese]{Example}{例}
\deftranslation[to=japanese]{Examples}{例}
\deftranslation[to=japanese]{Definition}{定義}
\deftranslation[to=japanese]{Definitions}{定義}
\deftranslation[to=japanese]{Problem}{問題}
\deftranslation[to=japanese]{Solution}{解}
\deftranslation[to=japanese]{Corollary}{系}
\deftranslation[to=japanese]{Fact}{事実}
\deftranslation[to=japanese]{Proof}{証明}
```

```
\def\proofname{証明}
```

これでスライドの表示が次のように変わります。

▌ 出力

定理環境を使う
定義，定理，証明

定理 (Pierre de Fermat,1637)

フェルマーの最終定理

n が 3 以上の場合，方程式 $x^n + y^n = z^n$ の自然数解は存在しない

問題 (David Hilbert,1900)

ヒルベルトの第 10 問題

任意に与えられた多変数の整数係数多項式

$$p(x_1, \ldots, x_k) = \sum_{\substack{0 \le i_1 \le n_1}}^{\substack{0 \le i_k \le n_k}} a_{i_1 \ldots i_k} x_1^{i_1} \ldots x_k^{i_k}$$

に対し，$p(x_1, \ldots, x_k) = 0$ が自明解 $(0, \ldots, 0)$ 以外の整数解を持つか否か
を判定するアルゴリズム（計算手順）を求めよ。

土屋　勝 (www.erde.co.jp)　　　　Beamer でプレゼンテーション　　　　2022 年 8 月 30 日　　　4 / 8

15.5　block 環境を使う

block 環境を使うと，強調枠を描くことができます。

block 環境には次の 3 種類があります。違いは色だけです。なお，表示されるスタイル，色についてはテーマなど設定によって異なります。

```
block         青
exampleblock  緑
alertblock    赤
```

となっています。

■ 入力

```
\begin{frame}{block を使う}
\begin{block}{block では}
block は青いタイトルが付きます
\end{block}
\begin{alertblock}{alertblock では}
alertblock は「注意！」といった意味でしょうか
\end{alertblock}
\begin{exampleblock}{exampleblock では}
exampleblock は「例」といった意味でしょうか
\end{exampleblock}
\end{frame}
```

■ 出力

▌15.6　2 段組にする

　スライド内を左右に分割するには column, columns 環境を使います。

　columns で全体をくくり，その中に column を置きます。columns には上下位置，続いて横幅の指定を行います。各コラムを半分ずつにするのであれば 0.45\textwidth とするのが良いでしょう。

```
\begin{columns}
\begin{column}[T]{0.45\textwidth}
左側のコンテンツ
\end{column}
\begin{column}[T]{0.45\textwidth}
右側のコンテンツ
\end{column}
```

　例として文章とグラフを左右に分けて表示したものをあげます。

■ 入力

```
\begin{frame}{日本のインターネット広告費}{2019 年，インターネット広告費
がテレビ広告費を抜いた}
\begin{columns}
\begin{column}[t]{0.45\textwidth}
\begin{block}
{インターネット広告費が首位に}
\end{block}
毎年電通が発表している「日本の広告費」によると調査開始の 1997 年には総額 60
億円だったインターネット広告費は毎年急成長を続け，2019 年には 2 兆 1,048 億
円と広告の王様だったテレビ広告費の 1 兆 8,612 円を抜いて広告費の首位に立っ
た。2021 年は 2 兆 7,052 億円。
\end{column}
\begin{column}[T]{0.45\textwidth}
\begin{tikzpicture}[x=2.8mm,y=25mm,scale=0.5]
\scriptsize{
\foreach \val in {0.5,1.0,1.5,2.0,2.5}
\draw(1997,\val)--(1996,\val) node[left]{\val};
\draw(1997,-0.1)--(1997,2.8);
\draw(1997,-0.1)--(2021,-0.1);
\foreach \year in {2000,2005,...,2015,2020}
\draw(\year,-0.1)--(\year,-0.2) node[below]{\year};
\draw[mark=*] plot file {AD.txt} node [right]{2.71};
\draw(2010,2.0) node [above]{テレビ広告費};
\draw(2016,0.6) node [below]{インターネット広告費};
\draw[mark=x] plot file {TV.txt} node [right]{1.84};
\draw(2010,2.8) node[above]{インターネット広告費の推移（兆円単位）};
}
\end{tikzpicture}
\end{column}
\end{columns}
\end{frame}
```

■ 出力

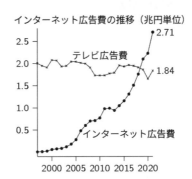

15.7　pauseで簡易アニメーション

　PowerPointなどのプレゼンテーション用ツールで，マウスをクリックするたびに画面に文字や図が少しずつ表示される簡易アニメーションを見たことがあると思います。最初から全部の文字や図が表示されているより，動きがあるので観客の注意を集める効果が期待できます。

　これと同じ操作をBeamerでも設定できます。

　いったん表示を止めたいところで

　`\pause`

　と入れます。文の途中，画像，数式の途中でも有効です。ページ送りするたびに1区画ずつ表示が増えます。

█ 入力

```
\begin{frame}\frametitle{感染防止のためのお願い}
\section{感染防止のため，下記の対策を徹底しましょう}
\pause
\begin{itemize}
\item ソーシャルディスタンスの確保
\pause
\item 会話時のマスク着用
\pause
\item 手洗い・消毒の徹底
\end{itemize}
 \includegraphics[width=40mm]{img/mask_woman4_smile.png}
\end{frame}
```

█ 出力

> 感染防止のためのお願い

█ 出力

> 感染防止のためのお願い
>
> - ソーシャルディスタンスの確保

█ 出力

> 感染防止のためのお願い
>
> - ソーシャルディスタンスの確保
> - 会話時のマスク着用

▌出力

感染防止のためのお願い

- ソーシャルディスタンスの確保
- 会話時のマスク着用
- 手洗い・消毒の徹底

もっとも

- 印刷されると効果が再現できない
- プレゼンターが操作を間違いやすい

ということで，アニメーションの多用は避けた方が良さそうです。

第16章

TikZで図を描く

▌16.1　TikZ で図を描く

LATEX で図を描くには、Office や Illustrator などを使って図ファイルを作成し、それを\includegraphics 命令で読み込む方法と、LATEX の描画機能を使う方法があります。LATEX の描画機能として、現在、標準的に使われているのが TikZ です。「ティクス」とか「ティクズ」と呼びます。TikZ はプレゼンテーション用スライド作成パッケージ beamer の作者 Till Tantau さんの作品です。

TikZ は座標と線の種類、曲率、塗りつぶしの色などを数値で設定して図を描きます。Office や Illustrator など、マウスで描くのとはかなり異なります。最初はとっつきにくいかもしれませんが、慣れれば WYSIWYG な GUI 描画ツールよりも正確な図を簡単に描くことができます。

TikZ は TEXLive には標準で入っているので，特にインストールする必要はありません。使うには、プリアンブルで

```
\usepackage{tikz}
\usetikzlibrary{intersections,calc,arrows.meta,angle,pattern}
```

と指定します。usetikzlibrary にはいろいろとオプションがあります。intersections は交点を求め，calc は座標計算を行い，arrows.meta は矢印の種類を増やし，angle は角度記号を描き，patterns は背景パターンを塗ります。

pLATEX，upLATEX ではクラスファイルに dvipdfmx オプションを付ける必要があります。LuaLATEX では dvipdfmx が不要なので，オプション指定も必要ありません。

そして、本文中の図を描きたい場所で TikZ の描画命令を記入します。

▌16.2　直線を描く

直線を描くには

```
\draw [線の種類オプション](始端座標)--(終端座標);
```

となります。\draw 命令の最後には必ず「;」が必要です。

まずは太い実線で長さ 30mm の直線を描いてみましょう。

▌入力

```
\tikz\draw [very thick](0,0)--(3,0);
```

▌出力

座標を変えれば傾きのある直線を描くことができます。

▌入力

```
\tikz\draw [very thick](0,0)--(3,1);
```

▌出力

16.3　多角形を描く

　三角形、四角形, 五角形など多角形を描くには、それぞれ頂点の座標を指定します。cycle は角を閉じるための命令です。

▌入力

```
\tikz\draw [very thick](0,0)--(3,1.5)--(3,0)--cycle;
```

▌出力

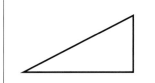

　cycle を使わずに各頂点の座標を結んだ場合、最後の頂点では線の端が集まっているだけでちゃんとつながっていません。太い線で描くとその違いがよく分かります。

■ 入力

```
\tikz\draw [line width=10pt](0,0)--(3,2)--(4,0)--
cycle;\hskip 10pt
\tikz\draw [line width=10pt](6,0)--(9,2)--(10,0)--
(6,0);\vskip 10pt
\tikz\draw [line width=10pt](0,0)--(0,2)--(3,2)--(4,0)--
cycle;\hskip 10pt
\tikz\draw [line width=10pt](6,0)--(6,2)--　(9,2)--(10,0)--(6,0);
```

■ 出力

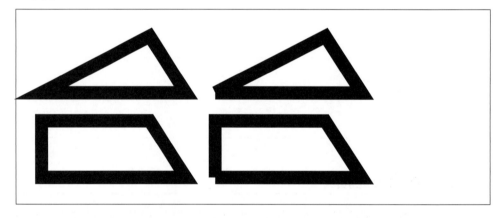

　正方形、長方形は 4 つの頂点を指定する必要はありません。rectangle という、対角を指定するだけで四角形を描く命令があります。

■ 入力

```
\tikz\draw [very thick] (0,0)rectangle(4,1.5);
```

■ 出力

16.4　円を描く

円は circle 命令に radius で半径を指定します。

■ 入力

```
\tikz{\draw(5,5) circle[radius=10mm]};
```

■ 出力

楕円は x 方向の半径 x radius，y 方向の半径 y radius そして傾き rotate で記述します。傾きの単位は度数です。

■ 入力

```
\tikz{\draw(0,0)circle[x radius=10mm,y radius=5mm,rotate=40]}
```

と書くと

■ 出力

となり，x 方向の半径 10mm，y 方向の半径 10mm，傾き 40 度の楕円が描かれます。

円弧を描くには（始点座標）arc（開始角度：終了角度：半径）命令を使います。

■ 入力

```
\tikz{\draw(0,0) -- (2,0)arc (0:30:20mm) -- cycle}
```

■ 出力

16.4.1　線の太さ

線の太さは数値

```
\tikz\draw[line width=数値](0,0)--(2,0);
```

かオプションで指定します。数値には 10pt，0.5mm のように単位をつけることができます。単位を付けないと pt として扱われます。

```
\tikz\draw[very thin](0,0)--(2,0);
```

オプションには次のものが用意されています。

オプション	太さ	表示	
ultra thin	0.1pt	`\tikz\draw[ultra thin](0,0)--(2,0);`	
very thin	0.2pt	`\tikz\draw[very thin](0,0)--(2,0);`	
thin	0.4pt	`\tikz\draw[thin](0,0)--(2,0);`	
thick	0.8pt	`\tikz\draw[thick](0,0)--(2,0);`	
very thick	1.2pt	`\tikz\draw[very thick](0,0)--(2,0);`	
ultra thick	1.6pt	`\tikz\draw[ultra thick](0,0)--(2,0);`	

16.4.2　線の種類

破線は dash と pattern で指定します。

■ 入力

```
\tikz\draw[very thick,dash pattern=
on 3pt off 3pt on 9pt off 3pt on 9pt off 3pt on 9pt off 9pt
on 3pt off 3pt on 9pt off 3pt on 3pt off 9pt
on 3pt off 3pt on 9pt off 3pt on 9pt off 3pt on 9pt off 3pt
on 9pt off 9pt
on 3pt off 3pt on 9pt off 3pt on 3pt off 3pt on 3pt off 9pt
on 9pt off 3pt on 9pt off 3pt on 3pt off 3pt on 9pt off 9pt
on 9pt off 3pt on 3pt off 3pt on 9pt off 21pt](0,0)--(9,0);
```

■ 出力

オプションで指定することもできます。

| dotted | 点線 | \tikz\draw[dotted](0,0)--(4,0); | |
| dashed | 破線 | \tikz\draw[dashed](0,0)--(4,0); | |

16.4.3　矢印にする

線を矢印にするには

\tikz\draw[very thick,-stealth](0,0)--(4,0);

のように次のオプションを使います。

--	矢印無し	
->	終点を矢印に	
<-	始点を矢印に	
<->	両端を矢印に	
->>	二重矢印	
-latex	太い矢印	
-stealth	ステルス型矢印	

16.5　複数の図を重ねる

複数の\draw 命令は

\begin{tikzpicture}

\draw ・・・;

\draw ・・・;

\end{tikzpicture}

と tikzpicture 環境に入れます。これで複数の図を重ねることができます。

例として X 軸、Y 軸、$y = x + 0.5$ の直線を重ねたグラフを描いてみます。

■ 入力

```
\begin{tikzpicture}
\draw [very thick, ->](-3,0)--(0,0) node [below  right]{O} --
(3,0) node [right]{$x$};
\draw [very thick, ->](0,-1)--(0,3) node [above] {$y$};
\draw [domain=-1.5:2]plot(\x,{\x + 0.5}) node [right]{$y = x+0.5$};
\node[above left] at (0,1/2){$0.5$};
\end{tikzpicture}
```

このように書くと

■ 出力

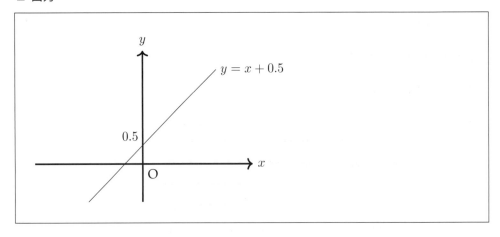

のグラフが出力されます。

```
\draw [very thick, ->](-3,0)--(0,0) node [below  right]{0} -- (3,0)
node [right]{$x$};
```

は横軸を描く命令です。`very thick, ->`は太線で終端を矢印に, `(-3,0)--(0,0)`
`node [below  right]{0} -- (3,0) node [right]{$x$};` は座標-3,0 から 3,0 へ
直線を引き, 座標 0,0 の右下に 0 (原点: Origin) を, 座標 3,0 の右に x を置きます。

　`\draw [very thick, ->](0,-1)--(0,3) node [above] {$y$};` は座標 (0,-1)
から 0,3 へ直線を引き, 上に y を置きます。

```
\draw [domain=-1.5:2] plot(\x,{\x + 1/2}) node [right]{$y = x+
\dfrac{\;1\;}{\;2\;}$};
```

はグラフと式を描く命令です。`[domain=-1.5:2]` の domain は変域といい, グラフを描
く範囲を指定します。X 軸の -1.5 から 2 までの領域が描画範囲となります。Y 軸の範
囲を指定するには scop 環境の`\clip`命令を使います。`plot(\x,{\x + 1/2})` がグラフ
を描く命令です。ここでは x に対して y が $x + 1/2$ の傾きのグラフを描きます。そして
`node [right]{$y = x+\dfrac{\;1\;}{\;2\;}$}`はグラフ終端の右に $y = x + \dfrac{1}{2}$ と
いう式を置きます。`node [オプション]` はオプションでその座標の上下左右を指定する命
令です。オプションは

left	左	above left	左上
below left	左下	right	右
above right	右上	below right	右下
above	上	below	下

　です。

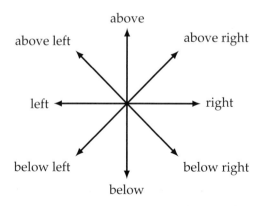

16.6　繰り返しを自動化する

　グラフを描く場合など，X 軸，Y 軸に 10，20，30，・・・100 など増減する数値やアルファベットを繰り返し記入することがあります。このような繰り返しに対しては
foreach という命令が用意されています。

　変数（たとえば\x）に対して 0 から 100 刻みで 500 まで増える値を与えるには

\foreach \x in {0,10,...,100}

と書きます。「...」が自動的に 100，200，300・・・と 100 ごとに増えます。

　たとえばグラフの X 軸，Y 軸に目盛りを描くのであれば

■ 入力

```
\begin{tikzpicture}[x=2.8mm,y=1mm,yscale=0.05]
\foreach \val in {100,200,...,600}
\draw(1997,\val)--(1996,\val) node[left]{\val};
\draw[very thick,-latex](1997,-0.1)--(1997,700)node[left]{数　　量
};%Y 軸
\draw[very thick,-latex](1997,-0.1)--(2025,-0.1)node[right]{年
};%X 軸
\foreach \year in {2000,2005,...,2015,2020}
\draw(\year,-0.1)--(\year,-50) node[below]{\year};
\end{tikzpicture}
```

　と書きます。結果は次のようになります。

■ 出力

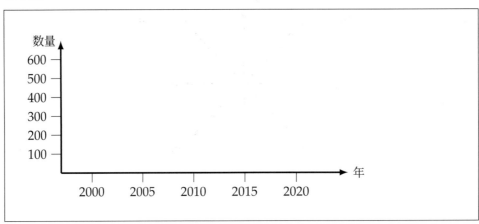

16.7　関数を使う

TiKz では関数も用意されています。

四則演算　：+,　-,　*,　/

絶対値　：abs(x)

平方根　：sqrt(x)

三角関数　：sin(x), cos(x), tan(x)

逆三角関数　：asin(x), acos(x), atan(x)

自然指数関数　：exp(x)

対数関数　：ln(x), log10(x), log2(x)

乗数　：pow(x,y)

階乗　：factorial(x)

天井関数，床関数　：ceil(x), floor(x)

最大，最小　：max(x1,...,xn), min(x1,...,xn)

16.7.1　数式を使ってグラフを描き，交点を求める

　数式を使ってグラフを描きます。$y = x^2 - 2x$ と $y = -x + 2$ のグラフを重ねて描き，交点を求めます。

■ 入力

```
\begin{tikzpicture}
\clip (-2,-2) rectangle(10,4);
\draw [very thick](-3,0)--(0,0) node [below  right]{0} -- (4,0)
node [right]{$x$};
\draw [very thick](0,-1.5)--(0,4) node [above] {$y$};
\draw [domain=-3:3,smooth,name path=Inter1] plot(\x,{(\x)^2-
2*(\x)}) node [right]{$y = x^{2}-2x$};
\draw [domain=-3:3,smooth,name path=Inter2] plot(\x,{-
(\x)+2}) node [right]{$y =-x +2$};
\draw [name intersections={of = Inter1 and Inter2}] (intersection-
1)node[below left]{A} (intersection-2)node[above]{B};
\end{tikzpicture}
```

■ 出力

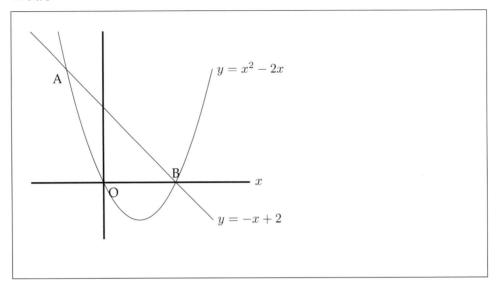

　　`clip (-2,-2) rectangle(10,4);`で座標-2,-2から座標10,4までの長方形に描画範囲を指定します。`smooth`はTikZのデフォルトでは点の間隔が粗く，曲線を描くとガタつきが目立つので，より細かく，滑らかにするための指定です。`name path=`はグラフに名前，ここではInter1とInter2を付ける命令です。

　　`intersections`を使えば$y = x^2 - 2x$と$y = -x + 2$s，2つの線の交点を求め，名前を付けることができます。座標を自分で計算する必要がありません。グラフの傾きや原点を変えれば，自動的に追従してくれます。さらに交点上に黒丸を置いてみましょう。

■ 入力

```
\begin{tikzpicture}
\clip (-2,-2)rectangle(10,4);
\draw [very thick](-3,0)--(0,0) node [below  right]{O} --
(4,0) node [right]{$x$};
\draw [very thick](0,-1.5)--(0,4) node [above] {$y$};
\draw [domain=-3:3,smooth,name path=Inter1] plot(\x,{(\x)^2-
2*(\x)})
node [right]{$y = x^{2}-2x$};
\draw [domain=-3:3,smooth,name path=Inter2] plot(\x,{-
0.5*(\x)+2.5})
node [right]{$y =-0.5x +2.5$};
\draw [name intersections={of = Inter1 and Inter2}]
(intersection-1)node[below left]{A} (intersection-
2)node[above]{B};
\fill[black](intersection-1)circle(0.1);
\fill[black](intersection-2)circle(0.1);
\end{tikzpicture}
```

■ 出力

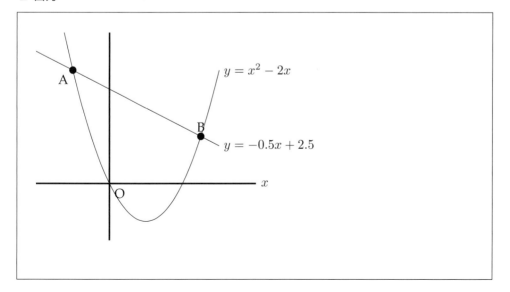

\fill[black](intersection-1)circle(0.1); は交点 1 に半径 0.1 の黒丸を置く、
という命令です。

16.8　領域を塗りつぶす

\fill 命令を使うと指定した領域を塗りつぶすことができます。塗りつぶす色の指定
は xcolor の色指定と同じです。標準では red, green, blue, brown, lime, orange,
pink, purple, teal, violet, cyan, magenta, yellow, olive, black, darkgray,
lightgray, white の 19 色が指定できます。濃度の指定，混色もできます。

例は三角形の中をグレイ 20% で塗りつぶしたものです。

■ 入力

```
\begin{tikzpicture}
\fill[gray!20](0,0)--(3,2)--(4,0) ;
\draw[very thick](0,0)--(3,2)--(4,0)--cycle;
\end{tikzpicture}
```

■ 出力

16.8.1　パターンで塗り分ける

白黒で印刷する場合，色やグレーの濃淡ではわかりにくくなることがあります。そのよ
うなときは色ではなく，パターンで分ける方がいいでしょう。パターンを使うにはプリア
ンブルで

\usetikzlibrary{patterns}

と指定します。パターンには次の種類が用意されています。

horizontal lines	`\tikz\draw[pattern=horizontal lines] ;`	
vertical lines	`\tikz\draw[pattern=vertical lines] ;`	
north east lines	`\tikz\draw[pattern=north east lines];`	
north west lines	`\tikz\draw[pattern=north west lines];`	
grid	`\tikz\draw[pattern=grid];`	
crosshatch	`\tikz\draw[pattern=crosshatch];`	
dots	`\tikz\draw[pattern=dots] ;`	
crosshatch dots	`\tikz\draw[pattern=crosshatch dots];`	
fivepointed stars	`\tikz\draw[pattern=fivepointed stars] ;`	
sixpointed stars	`\tikz\draw[pattern=sixpointed stars] ;`	
bricks	`\tikz\draw[pattern=bricks] ;`	
checkerboard	`\tikz\draw[pattern=checkerboard] ;`	

16.9　折れ線グラフ・棒グラフを描く

　折れ線グラフや棒グラフを描くこともできます。データが少なければソースファイルに直接値を書き込むこともできますが，データファイルを用意しておき，それを読み込んでグラフ化するほうが便利です。たとえば日本のテレビ広告費とインターネット広告費の推移を年と金額で記録したファイル AD.txt，NET.txt を用意しておきます。本来は億円単位なのですが，桁が多いとエラーになってしまうので兆円単位で丸めました。年と金額はタブ区切りで，中身は次のようになっています。

```
1997 0.006
1998 0.011
1999 0.024
・・・
2020 2.23
2021 2.71
```

▌入力

```
\begin{tikzpicture}[x=2.8mm,y=25mm]
\foreach \val in {0.5,1.0,1.5,2.0,2.5}
\draw(1997,\val)--(1996,\val) node[left]{\val};
\draw(1997,-0.1)--(1997,2.8);
\draw(1997,-0.1)--(2025,-0.1);
\foreach \year in {2000,2005,...,2015,2020}
\draw(\year,-0.1)--(\year,-0.1) node[below]{\year};
\draw[mark=*] plot file {NET.txt} node [right]{2.71};
\draw[mark=x] plot file {TV.txt} node [right]{1.84};
\draw(2010,2.0) node [above]{テレビ広告費};
\draw(2013,1.2) node [left]{インターネット広告費};
\draw(2010,2.8) node[above]{インターネット広告費の推移（兆円単位）};
\end{tikzpicture}
```

▌出力

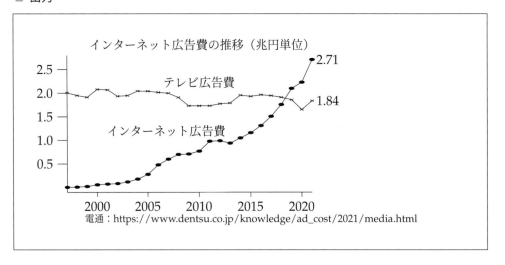

ファイルからデータを読み込んでグラフ化するのは

\draw[mark=*] plot file {NET.txt} node [right]{2.71};

の行です。mark=はマーカーの指定で，デフォルトでは の 3 種類が用意されています。

*	●
+	＋
x	×

16.10　円グラフを描く

　円グラフを描くためのパッケージ pgf-pie を使います。プリアンブルに

　\usepackage{pgf-pie}

と書いてください。

　実際にグラフを出力したい場所で

　pie[オプション]{データ/

と書きます。

　塗りつぶし色はデフォルトで blue!60, cyan!60, yellow!60, orange!60, red!60, blue!60!cyan!60, cyan!60!yellow!60,red!60!cyan!60,red!60!blue!60, orange!60!cyan!60 が設定されています。[color={}] オプションを指定すれば色は任意に設定できます。[text=inside] を指定するとラベル文字を円内に配置できます。

　数値はデフォルトでパーセンテージです。

\pie[sum =auto , after number =件数,

と sum =auto を付けると任意の数値に対し，自動的に合計とパーセンテージを計算します。

▎入力

```
\textgt{2021 年度　日本の広告費}\par
\begin{tikzpicture}
\pie[color={gray!90, gray!70,gray!50,gray!30,gray!10,gray!0}]
{39.8/インターネット,27.1/テレビ,9/新聞・雑誌・ラジオ,24.1/その他};
\draw(0,-3.6)node [below]
{\footnotesize 電通：https://www.dentsu.co.jp/knowledge/ad\_cost/
2021/media.html};
\end{tikzpicture}
```

■ 出力

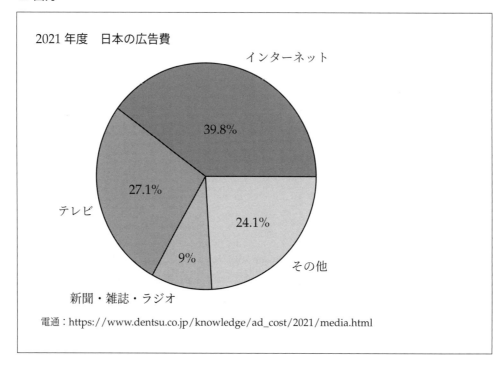

2021 年度　日本の広告費

インターネット

39.8%

24.1%

27.1%

テレビ

9%

その他

新聞・雑誌・ラジオ

電通：https://www.dentsu.co.jp/knowledge/ad_cost/2021/media.html

■ 16.11　電子回路図を描く

　自分は電子回路図を描くのには，オープンソースの KiCad [*1]を使っています。KiCad は GUI で回路素子をドラッグ＆ドロップして回路図を描き，回路図が正しいかチェックでき，プリント基板の製作データまで製作できます。でも，レポートや論文に回路図を取り込みたい，別にプリント基板を作って実装する必要がなければ TikZ で描く方が手軽です。

　TikZ で回路図を描くにはプリアンブルで circuitikz を指定します。circuitikz は TikZ の拡張パッケージなので，TikZ は必須です。

　circuitikz では

```
\begin{circuitikz}[european]\index{european}
\draw(始点座標) to [素子名，オプション](終点)
\end{circuitikz}
```

と書きます。

　素子名などを JIS 規格（JIS C 0617）に決められた表記とするには

```
\begin{circuitikz}[european]
```

---

*1 https://www.kicad.org/

と [european] オプションが必要です。

たとえば抵抗は R=R_{1}ですが,

[european] オプション無しだと

とアメリカ式（旧 JIS）の折れ線抵抗になってしまいます。

主な部品としては

部品名	意味	表記
short	導線	
C	コンデンサ	
L	インダクタ	
variable european resistor	可変抵抗器	
battery	電池	
ground	アース	
normal open switch	スイッチ	
full diode	ダイオード	
empty led	発光ダイオード	
npn	NPN トランジスタ	
pnp	PNP トランジスタ	
op amp	オペアンプ	
triode	三極真空管	
american nand port	NAND ゲート	

があります。

詳しくは CircuiTikZ manual（*2）をご覧になってください。

オペアンプ回路の例です。

■ 入力

```
  \begin{center}
    \begin{circuitikz}[american currents]
\draw (5,.5)
    node [op amp](opamp){}
    (0,0) node [left] {$V_{in}$} to [R,l=$R_{1}$,o-*](2,0)
     to[R,l=$R_{2}$,*-*](opamp.+)
     to[C,l_=$C_{2}$,*-]($(opamp.+)+(0,-2)$)node[ground]{}
    (opamp.out)|-(3.5,2)to[C,l_=$C_{1}$,*-](2,2)to[short](2,0)
    (opamp.-)-| (3.5,2)
    (opamp.out)to [short,*-o](7,.5)node[right]{$V_{out}$};
    \end{circuitikz}
  \end{center}
```

■ 出力

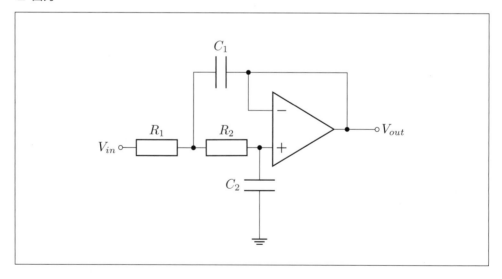

第17章

フィルターで
用字・用語を統一する

■ 17.1　文書の信頼性を落とす表記ゆれ

　一冊の本，あるいは 1 編のパンフレット，1 本の論文の中で同じ意味の言葉が違った表記で書かれる「表記ゆれ」は禁物です。カタカナ言葉の末尾を伸ばすのか伸ばさないのか，漢字にするのか開くのか。「プリンター」か「プリンター」か，「例えば」か「たとえば」か，「問合せ」か「問い合せ」か「問合わせ」か，などです。また，アルファベットや数字記号，カタカナなどの全角／半角も混在することがよくあります。

　表記ゆれが多い文章は統一感が無いので読みにくく，チェック不足ということで信頼性を落としかねません。特に複数のメンバーで共同執筆する場合は表記ゆれが起こりがちなので，編集者の注意が必要です。

　出版社や学会によっては，マイクロソフト用語集（https://www.microsoft.com/ja-jp/language/Terminology）のように独自の用字用語集を用意してあったり，『記者ハンドブック-新聞用字用語集』（共同通信社）のような市販の用字用語集事典を指定することがありますが，そういった体制を取らない会社や団体も少なくありません。

　たとえ，指定があってもすべての著者がそれを守るとは限りません。それこそ一人で書いていても，同じ文章の前半と後半で表記が異なってしまうことも起こります。

　エディタの置換機能を使えば用語を統一することができますが，さまざまなパターンに対して手作業でやっていくのはかなり面倒です。何も考えずに一括置換してしまうと，会社名や製品名なども一気に置換してしまうなど，とんでもないミスを起こすこともあります。

　こういうミスを起こさず，用字用語を統一するには sed（セド）や AWK（オーク），Perl（パール）といったソフトと，正規表現によるフィルターを使うのが便利です。

　sed や AWK，Perl は文字の置換を始め，さまざまなテキスト処理ができるツールです。これらは置換前の文字列と置換後の文字列を列挙したスクリプトファイルを用意することで，複雑な置換ができます。

　sed は Lee E. McMaho によって開発され，その名前は stream editor に由来します。行単位で文字列の置換・検索を行います。AWK は開発者 3 人，Alfred Aho, Peter Weinberger, Brian Kernighan の頭文字から名付けられました。sed の演算機能を強化して拡張したものです。Perl は Larry Wall によって開発された，テキスト処理を得意とするスクリプト型プログラミング言語です。

　機能としては Perl ＞AWK ＞sed の順ですが，用字用語統一程度であれば sed でも十分です。

■ 17.2　さまざまな文字列置換ができる「正規表現」

　正規表現（regular expression）は特定の文字列をパターン化して表現する方法です。A や z といった通常の文字に加え，メタ文字と呼ばれる記号を使うことで，さまざまな文字

列を指定できます。どういうことかというと，「ごと」という意味での「毎」だけを「ごと」
に変換したい場合，毎\\([のに]」，つまり毎の後に「の」か「に」が来る場合だけにマッ
チさせるということができます。特定の文字，文字列を含む，含まないといった指定がで
きます。半角数字，全角数字，半角アルファベット，全角アルファベット，漢字，カタカ
ナ，ひらがなという範囲指定もできます。

- 任意の 1 文字 .

  任意の 1 文字と一致するのが「.」です。
  たとえば 1.3 は 103，113，123，1a3，1Z3 などに一致します。

- 0 回以上の繰り返し *

  直前の文字を 0 回以上繰り返したものに一致します。
  T*X は TX，TeX，TaX，TabcdX，T123abCX などに一致します。

- 直前の文字の 0 から 1 回の繰り返し ?

  直前の文字を 0 回または 1 回繰り返したものに一致します。
  Te?X は TX か TeX に一致します。

- 直前の文字の 1 回以上の繰り返し +

  Te+X は TeX，TeeX，TeeeeX などに一致し，TX には一致しません。

- 行頭を表す ^

  ^TeX は行頭に TeX が来た場合だけに一致し，行中に TeX が出てきても一致しま
  せん。

- 行末を表す$

    TeX$は行末に TeX が来た場合だけに一致し，行頭や行中に TeX が出てきても一致
    しません。

- 特定の文字に一致する [　]

    [と] で囲むと特定の文字に一致します。

    [TeX] は TeX や T，e，X と一致します。TEX や tex は一致しません。

    [LaTeX|TeX] は LaTeX か TeX に一致し，LATEX や tex には一致しません。

- 「含まない」を指定する^

    [^aiueo] は母音 aiueo を含まない文字列に一致します。

特殊文字 []\.*+ などを指定するには\を前に付けます。\[，\]，\\のようにします。
文字の並びに規則性がある場合は省略もできます。

[A-Z]で大文字アルファベットすべて，[0-4] だと 0 から 4 までの数字に一致します。
また\wで単語，\W で単語以外の文字，\d で数字（0～9），\D で数字以外の文字，\s で
空白文字（半角スペース・タブ文字），\S で空白文字以外に一致します。

▌17.3　ひらがな，カタカナ，漢字はどう指定する

日本語でひらがな，カタカナ，漢字全部をどう指定するかは難しいです。
シフト JIS の時は

文字種	文字クラス
ひらがな	[ぁ-ん]
カタカナ	[ァ-ヶ]
漢字	[亜-熙]（ただし第 2 水準まで）

で良かったのですが，Unicode になってからはこの方法ではカバー仕切れなくなりま
した。

[　-龕] でひらがな・カタカナ・漢字全部という指定を見ますが，これは旧規格 JIS X
0208 の漢字だけに一致します。互換漢字や JIS X 0213 の第 3 水準，第 4 水準漢字が指定
できません。

Unicode プロパティに対応した正規表現エンジンならば

文字種	メタ文字
ひらがな	\p{Hiragana}
カタカナ	\p{Katakana}
漢字	\p{Han}

で指定できます。

　Unicode プロパティ非対応のツールで漢字すべてを指定しようとすると，ものすごく複雑になります。本書でも原稿中に互換漢字や第 3 水準漢字，題 4 水準漢字はまず使わないという想定で [　-龠] で済ませています。

17.4　マッチした文字列を保存し，再利用するキャプチャ

　置換において絶大な効力を発揮するのが「キャプチャ」です。これは正規表現で一致した文字列を保存し，再利用できるというものです。

- \([文字列]\) でカッコ内の文字列と一致した文字列を記憶し
- \1, \2, \3…で記憶した文字列を呼び出す

ことができます。

どういうことかというと

行な\([わいうえおっ]\)/行\1

　とすると「行なわない」「行ない」「行なう」などを「行わない」「行い」「行う」と置き換えることができます。

17.5　Windows 用日本語 Onigsed をインストールする

　sed，AWK，Perl はいずれもオリジナルは UNIX 用のソフトでしたが，Wdindows にも移植されています。

　ここでは Windows で動く日本語対応 sed である Onigsed を紹介します。Onigsed は GNU sed 4.1.5 に正規表現エンジン鬼車を組み込んで日本語 Windows に移植したものです。2009 年 10 月 31 日に公開されたバージョンが最新です。

　Onigsed のサイト

　http://www.kt.rim.or.jp/~kbk/sed/index.html

　にアクセスし，

　Onigsed 2009 年 10 月 31 日バージョン onigsed-20091031.zip

　ネダウンロードしてください。

　　ダウンロードされた zip ファイルを展開し，中にある onigsed.exe をパスの通っている
適当なフォルダーに移動してください。コマンドプロントを開いて onigsed --version
と入力して Enter キーを押し

```
GNU sed version 4.1.5 with Oniguruma (ver. 2.5.0)
Copyright (C) 2003 Free Software Foundation, Inc.
This is free software; see the source for copying conditions.  There
is NO warranty; not even for MERCHANTABILITY or FITNESS FOR A PARTICULAR
PURPOSE, to the extent permitted by law.


Modified for Win32 Japanese by hogemuta@gmail.com
Build date Sep 29 2009
```

と表示されればインストール完了です。
　　そして用字用語統一ファイルを作成します。
　　たとえば
　　出版メディアパル『「sed（セド）」の動かし方とスクリプトファイルのダウンロード』
http://www.murapal.com/digital/57-sed-.html
など，フィルターを公開しているサイトもあります。自分たちの用語統一方針，必要とす
る単語に応じて編集してください。ここでは filter.sed という名前でファイルを作成し，
UTF8 で保存しておきます。なお，2 行目の y／ＡＢＣ・・・/ABC・・・，4 行目の y／ａｂ
ｃ・・・/abc・・・は，実際にはそれぞれ 1 行でつながっています。

```
#全角と半角を統一する
y/０１２３４５６７８９/0123456789/
y/ＡＢＣＤＥＦＧＨＩＪＫＬＭＮＯＰＱＲＳＴＵＶＷＸＹＺ/
    ABCDEFGHIJKLMNOPQRSTUVWXYZ/
y/ａｂｃｄｅｆｇｈｉｊｋｌｍｎｏｐｑｒｓｔｕｖｗｘｙｚ/
    abcdefghijklmnopqrstuvwxyz/
#読点を統一する
s/、/, /g
#全角文字の後の半角記号を全角記号にする
s/\([　-龠]\), */\1, /g
s/\([　-龠]\): */\1：/g
s/\([　-龠]\)\. */\1. /g
#漢字を開く
s/生憎/あいにく/g
```

```
s/敢えて/あえて/g
s/予め/あらかじめ/g
s/全ゆる/あらゆる/g
#送り仮名の統一
s/行な\（[わいうえおっ]\）/♪行\1 ♪/g
s/毎\（[のに]\）/♪ごと\1 ♪/g
s/又\（[は，]\）/♪また\1 ♪/g
s/\（[^亜-龠]\）致\（[さしすせそっ]\）/♪\1 いた\2 ♪/g
s/\（[^亜-龠]\）様\（[なにねだで]\）/♪\1 よう\2 ♪/g
#カタカナ語の統一
s/コンピュータ\（[^ー]\）/♪コンピューター\1 ♪/g
s/ユーザ\（[^ー]\）/♪ユーザー\1 ♪/g
s/インターフェース/♪インタフェース♪/g
s/ハードウエア/♪ハードウェア♪/g
…
```

　「s/」で置換命令の開始，続いて検索対象文字列，スラッシュで置換文字列，最後に「g」で行全体に繰り返し実行するという意味です。「y/」は一致した桁の文字同士を置き換えます。

　全角／半角の置換などは一括でやってしまっても，ほぼ問題は起こりません。しかし「コンピュータ」を「コンピューター」に置き換えるような作業は，社名や製品名，書名など固有名詞を勝手に書き換えると問題になります。そのため，置換を行ったことがわかるように前後に記号で挟むようにしてあります。記号は，その文書中であまり出てこないものを選びましょう。技術系であれば「♪」はめったに使われません。逆に音楽系だと他の記号の方が良いでしょう。

17.6　日本語コードを統一する

　日本語の場合は一つ面倒なことがあります。それは文字コードを何にするかです。主な日本語の文字コードにはシフト JIS、日本語 EUC、JIS（ISO-2022-JP）、Unicode があります。

　正確にいえば Unicode は文字集合で，Unicode をコンピューターに扱えるようにした文字コードが UTF（Unicode Transformation Format）です。UTF には UTF-7，UTF-8，UTF-16，UTF-32 といったいくつかのバリエーションがありますが，実際に使われているのは UTF-8 です。

　これまで Windows ではシフト JIS，UNIX/Linux では日本語 EUC が主流でしたが，現在はどの環境でも Unicode，UTF-8 が標準となっています。

　pLATEX はシフト JIS も UTF-8 も扱うことができますが，今後作成するテキストファイルは UTF-8 に統一するのが良いでしょう。問題はシフト JIS や EUC で書かれた古いファイルと UTF-8 のファイルが混在するような場合です。

　フィルタースクリプトを使って用字用語を統一しようとする時，シフト JIS の元ファイルに UTF-8 のスクリプトファイルをかけると，変換後のファイルが文字化けしてしまいます。これを避けるには，統一時にまずすべてのファイルの文字コードを UTF-8 に変換し，それから統一スクリプトで処理します。UTF-8 のファイルを UTF-8 に変換しても，特に問題は起こりません。

　また，改行コードという問題もあります。テキストファイルで 1 行の改行は改行コードを挿入します。通常はエディタなどで Enter キーを押せば改行されますが，ここには改行コードが入っています。その改行コードにも CR，LF，CR ＋ LF という 3 種類が存在しているのです。CR はキャリッジリターン（carriage return），LF はラインフィード（line feed）という意味です。これはタイプライターに由来しています。印字用紙のローラーを 1 行回すのが LF，ローラーを左に送り，行頭から印字するのが CR です。文字コードで表せば CR は 0x0D，LF は 0x0A，CR+LF は 0x0 D0x0A となります。CR はバージョン 9 までの古い Mac OS，LF は現在の macOS，Linux など，CR+LF は Windows で使われています。Windows のプログラムによっては LF や CR だけからなるテキストファイルを読み込むと改行が認識されず，すべて 1 行にくっついて表示されるという問題が起こります。

▌ 17.7　nkf で文字コードを統一する

　nkf というフリーソフトがあります。Network Kanji Filter の略で，文字コードの変換と改行コードの変換をやってくれます。元は UNIX のツールですが，Windows 用バイナリも用意されています。元ファイルの文字コードは自動判定されるので，通常は指定する必要ありません。

　nkf で文字コード，改行コードを変換するにはオプションを付けてやります。

オプション	文字コード
-j	ISO-2022-JP
-e	EUC-JP
-s	シフト JIS
-w	UTF-8
-w8	UTF-8（BOM あり）
-Lu	改行コードを LF に
-Lw	改行コードを CRLF に
-Lm	改行コードを CR に
-overwrite	上書き

■ 17.8　バッチファイルで文字コード変換〜用字用語統一

　nkf による文字コードの変換と sed による用字用語統一ですが，オプションを付け忘れたりしないよう，バッチファイルを作って自動化するのが便利です。

　バッチファイルは

```
@echo off
if "%1"=="" goto usage
if "%2"=="" goto usage
        nkf -w %1 | onigsed --ctype=UTF8 -f filter.sed  > %2
goto end
:usage
echo "入力ファイル，もしくは出力ファイルを指定してください"
:end
```

　このバッチファイルは

```
filter 処理前ファイル.tex 処理済ファイル.tex
```

　のように入力ファイルと出力ファイルを指定して実行します。

　たとえばこのような文に filter.bat を実行してみます。

■ 入力

> コンピュータには入力、出力、記憶、演算、制御という 5 つの基本機能があります。これらの組合せが様々な動作を可能にしています。
> コンピュータを他の電子機器と違った物にしているのは記憶と制御の機能ではないでしょうか。プログラムを記憶し、それに従ってデータを処理します。同じデータが対象となっていてもプログラムを変える事により違う処理が施せます。

　次のようになりました。

■ 出力

♪コンピューター♪には入力，出力，記憶，演算，制御という 5 つの基本機能があります。これらの♪組み合わせ♪が♪さまざま♪な動作を可能にしています。
♪コンピューター♪を他の電子機器と違った物にしているのは記憶と制御の機能ではないでしょうか。プログラムを記憶し，それに従ってデータを処理します。同じデータが対象となっていてもプログラムを変える事により違う処理が施せます。

付録 A

LᴬTᴇX の情報源

A.1　LaTeX に関する参考図書

1. Donald E. Knuth 著, 斉藤 信男監修, 鷺谷 好輝翻訳『改定新版 TeX ブック　コンピュータによる組版システム』(アスキー, 1992 年)。plain TeX の原典です。マクロを自分で書いたり, 商業山版レベルの組み版を行う場合には必要になってくるでしょう。ただし, 版元はすでに消滅してしまい, 中古でしか入手できません。

2. 奥村 晴彦・黒木 祐介著『改訂第 8 版　LaTeX 2ε 美文書作成入門』(技術評論社, 2020 年)。日本の LaTeX 普及に貢献している奥村先生の最新刊。1994 年の『LaTeX 入門——美文書作成のポイント』からお世話になっています。

3. ふぉれぽん著『めちゃ簡単挫折知らずの LaTeX: 中学・高校数学教材作成用レシピ集』(Amazon, 2019 年)。LaTeX の種類とかインストールとか引用の仕方とかはいっさいなし。TikZ を使って中学・高校の数学教材を作るために特化しています。Amazon でしか扱ってないようです。

A.2　インターネットでの情報源

　最新の情報はインターネットで調べるのが一番です。検索すればいくらでもサイトはありますが, お勧めのところをあげておきます。

- TeXWiki https://texwiki.texjp.org/
  日本語で TeX の情報を探すのであれば, まずここから。さまざまな TeX ディストリビューションや関連ソフトについての解説があります。

- TeX フォーラム https://oku.edu.mie-u.ac.jp/tex/
  TeX についの掲示板です。分からないことがあったら, 検索してみましょう。誰か他の人が同じような問題で質問しているかもしれません。

- TeX Conf Twitter アカウント @texconfjp
  国内で TeX に関する研究や開発に関わっている人たちが集まり, 研究発表などを行うイベントです。ここ数年はコロナ禍でオンライン開催となっています。発表されたスライドなどはアーカイブで見ることができます。

- 日本語 TeX 開発コミュニティ urlhttps://texjp.org/
  pLaTeX, upLaTeX, LuaLaTeX など LaTeX の日本語化や関連するツールの開発などを行っている開発者のコミュニティです。この人たちの尽力がなければ, LaTeX で日本語を使えなくなってしまいます。

- CTAN https://ctan.org/
  Comprehensive TeX Archive Network。TeX に関連する世界最大のアーカイブです。TeX 関連のソフトウェアやライブラリは基本的にここにアップロードされます。

日本国内を始め，各国にミラーサイトがあります。

- TUG https://www.tug.org/
TUG とは TEXUsers Group の略。国際的な TEX ユーザー組織です。会員になると
TUG Boat という機関誌が読めたり，メーリングリストに加入することができます。

▌A.3　texdoc でマニュアルを読む

TEXLive に収録されているツールの多くは PDF でマニュアルを読むことができます。
利用するにはコマンドプロンプトで

texdoc　ツール名

と入力します。たとえば TikZ のマニュアルを読むには

texdoc tikz

となります。自動的に PDF ビュワーが起動してマニュアルが表示されるはずです。

索引

■ 著者プロフィール

土屋 勝（つちや・まさる）

1957 年	東京都八王子市に生まれる
1981 年	岡山大学理学部物理学科卒業
1983 年	岡山大学大学院理学研究科終了
1986 年	有限会社トーコーシステム設立。代表取締役
1991 年〜	株式会社エルデ設立。代表取締役
2011 年〜	神奈川大学非常勤講師
2017 年〜	NPO 法人未来デザイン会議理事

主な著書　　『プログラミング言語温故知新　人工言語の継承を学ぶ』（カットシステム）
『誰でもできる　やさしい TEX 入門』（カットシステム）『TEX 活用ハンドブック』（ナツメ社）
『インターネットの疑問 Q & A』（共著，オーム社）など多数。

WEB　　　https://www.erde.co.jp/

LATEX はじめの一歩
Windows 11/10 対応

2022 年 10 月 20 日　　初版第 1 刷発行

著　者	土屋 勝
発行人	石塚 勝敏
発　行	株式会社 カットシステム

〒 169-0073 東京都新宿区百人町 4-9-7　　新宿ユーエストビル 8F
TEL （03）5348-3850　　　FAX （03）5348-3851
URL　https://www.cutt.co.jp/
振替　00130-6-17174

印　刷　三美印刷 株式会社

本書に関するご意見、ご質問は小社出版部宛まで文書か、sales@cutt.co.jp 宛に
e-mail でお送りください。電話によるお問い合わせはご遠慮ください。また、本書の内
容を超えるご質問にはお答えできませんので、あらかじめご了承ください。